민본 국가를 꿈꾼 조선 ❷ 조선의 학문과 예술

조선은 어떻게 세계 최대 기록 문화유산을 남겼나요?

글 송찬섭 그림 문종인

다섯수레

조선은 어떻게 세계 최대 기록 문화유산을 남겼나요?

처음 펴낸 날 | 2017년 12월 5일
두 번째 펴낸 날 | 2022년 7월 30일

글 | 송찬섭
그림 | 문종인

펴낸이 | 김태진
펴낸곳 | 다섯수레
주소 | 서울시 마포구 동교로 15길(서울 사무소)
전화 | 02)3142-6611
팩스 | 02)3142-6615
등록번호 | 제 3-213호
등록일자 | 1988년 10월 13일

인쇄 | (주)로얄프로세스
제본 | 책다움

ⓒ 송찬섭, 문종인 2017

ISBN 978-89-7478-413-3 74910
ISBN 978-89-7478-029-6(세트)

이 책을 쓴 송찬섭 선생님은 서울대학교 국사학과 대학원에서 박사 학위를 받았습니다.
현재 한국방송통신대학교 문화교양학과 명예 교수로 계십니다.
조선 사회가 어떻게 운영되었는지, 더 나은 사회를 만들기 위한 움직임은 어떠했는지 관심을 가지고 공부하고 있습니다.
《서당, 전통과 근대의 갈림길에서》,
《옛길이 들려주는 이야기》(공저), 《조선의 멋진 신세계》(공저),
《조선 후기 환곡제 개혁 연구》, 《농민이 난을 생각하다》,
《현장 검증 우리 역사》(공저), 《조선 후기 간척과 수리》(공저)
등을 썼습니다.

그림을 그린 문종인 선생님은 《조선은 어떻게 세계 최대 기록 문화유산을 남겼나요?》, 《발해를 왜 해동성국이라고 했나요?》, 《봄나물에는 무엇이 있을까요?》 등에 그림을 그렸습니다.

편집 | 김경희, 조주영, 장예슬
마케팅 | 이운섭, 천유림
제작관리 | 김남희
디자인 | 이영아

차례

4　훈민정음을 왜 만들었나요?

5　훈민정음은 어떤 원리로 만들어졌나요?

5　한글은 누가 주로 사용했나요?

6　조선 시대 가장 대표적인 기록 문화유산은 무엇인가요?

6　조선은 어떻게 세계 최대 기록 문화유산을 남겼나요?

7　의궤는 왜 만들었나요?

8　집현전은 어떤 곳인가요?

9　정조는 규장각을 왜 만들었나요?

10　조선 시대에도 대학교가 있었나요?

11　향교는 어떤 곳인가요?

12　서원은 어떤 곳인가요?

12　서원은 학문 교육 이외에 어떤 역할을 했나요?

13　서당에는 아이들만 다녔나요?

14　유교의 예법은 중요한 공부였나요?

14　성리학은 어떤 학문이었나요?

15　성리학자로는 누가 유명한가요?

16　실학은 어떤 학문인가요?

16 실학자로는 누가 유명한가요?

17 실학은 조선 사회에 어떤 영향을 주었나요?

18 신사임당은 어떤 여성인가요?

19 학문으로 뛰어난 여성도 있었나요?

19 여성 가운데 실학자라고 일컬을만한 인물이 있나요?

20 화성은 계획도시였나요?

21 화성 성곽은 최신 기술로 이루어졌나요?

22 천문학에 관심이 많았던 이유는 무엇인가요?

23 백성들에게 시간을 어떻게 알렸나요?

23 측우기는 왜 만들었나요?

24 조선 시대에도 세계지도가 있었나요?

25 우리 땅에 대한 관심이 높았나요?

25 작은 섬도 중요했나요?

26 뛰어난 불교 건축물도 있었나요?

27 임진왜란 때 왜군을 물리친 스님들이 있었나요?

27 불교 스님들이 유학자들과 교유하기도 했나요?

28 나라에서 책을 소중하게 여겼나요?

28 민간에서도 책을 펴낼 수 있었나요?

29 가장 인기 많았던 소설은 무엇이었나요?

29 길거리에서 책을 읽어 주는 사람도 있었다고요?

30 우리나라 산천을 직접 보고 그렸다고요?

32 직업으로 그림을 그리는 사람들도 있었나요?

32 글씨로는 누가 뛰어났나요?

33 추사체는 왜 유명한가요?

34 백자는 조선을 대표하는 도자기인가요?

34 분청사기는 누가 사용했나요?

35 백자가 선비의 모습을 닮았나요?

36 궁중 음악이 발달했었나요?

37 백성들도 음악을 즐겼나요?

38 조선 시대 사람들은 춤을 좋아했나요?

39 왜 탈을 쓰고 춤을 췄나요?

훈민정음을 왜 만들었나요?

한글은 세계적으로 뛰어난 문자예요. 한글이 창제되기 전 백성들은 어려운 한자를 배울 수 없어 자신의 생각이나 말을 글로 표현할 수가 없었어요. 글을 읽고 쓰지 못하니 편지도 쓰지 못하고 중요한 일도 기록으로 남기지 못했어요. 불이익을 당해도 억울함을 글로 표현할 수 없었지요. 민본을 중시했던 세종은 백성들의 이러한 사정을 안타깝게 여겨 새로운 문자를 만들게 되었어요. 1446년 9월(음력) 마침내 '훈민정음'이라는 문자가 반포되었습니다. '훈민정음'이란 '백성을 가르치는 바른 소리'라는 뜻이에요. 훈민정음 창제에는 집현전 학자들이 큰 역할을 했습니다.

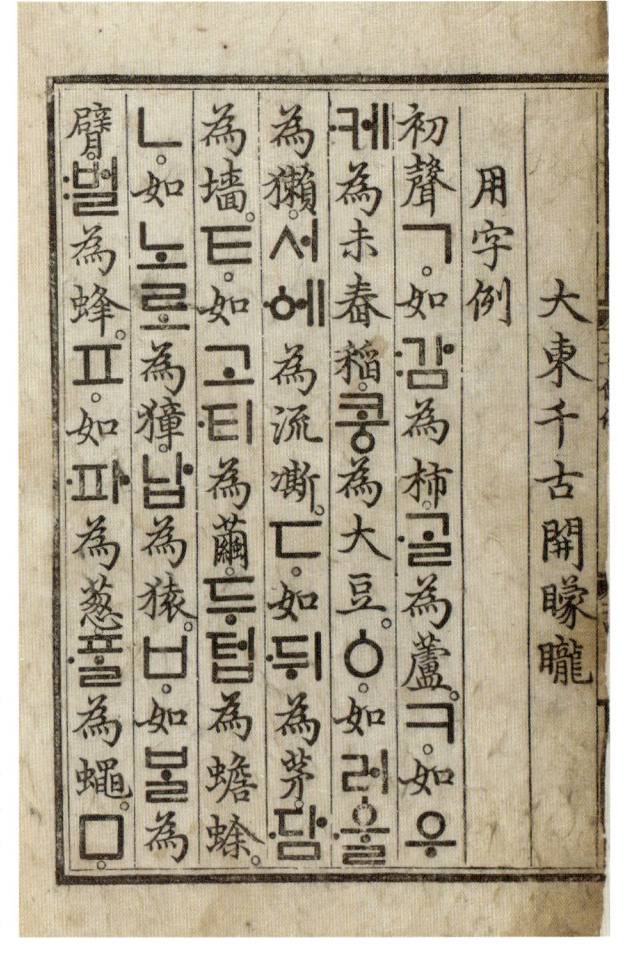

《훈민정음해례본》
이 책은 세종이 집현전 학자들과 함께 훈민정음을 만든 원리에 대해 기록한 책이에요. 책의 앞부분에는 훈민정음을 만든 이유가 실려 있고 뒷부분에는 사용법이 자세히 기록되어 있어요.
간송미술문화재단 제공.

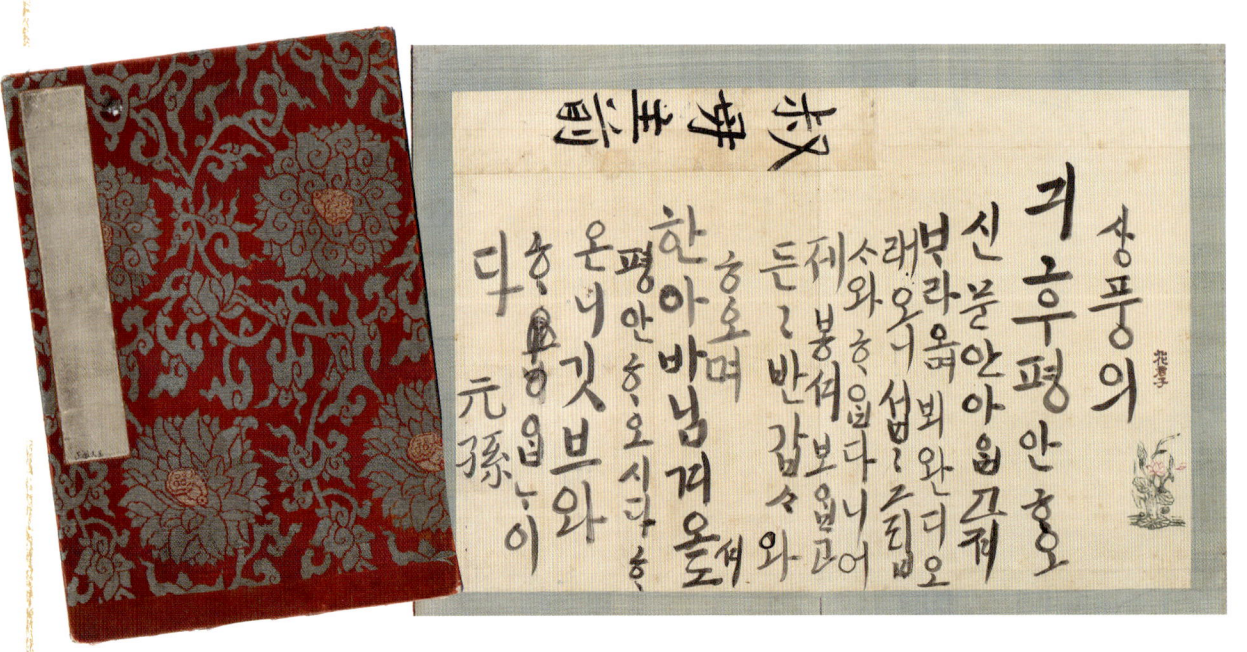

정조의 한글 편지
정조가 어렸을 때 외숙모에게 보낸 문안 편지예요. 정조도 어렸을 때 한글을 익혔음을 알 수 있어요.
정조어필한글편지첩, 국립한글박물관 소장.

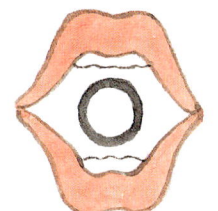
훈민정음은 어떤 원리로 만들어졌나요?

훈민정음은 모두 28자로서 ㄱ, ㄴ, ㄷ 같은 '자음'과 ㅏ, ㅑ, ㅓ, ㅕ 같은 '모음'으로 이루어졌어요. 자음은 발성 기관의 모양을 본떠 만들었어요. 'ㄱ'은 혀뿌리가 목구멍을 막는 모양을, 'ㄴ'은 혀끝이 윗잇몸에 닿는 모양을, 'ㅁ'은 입의 모양을, 'ㅅ'은 이의 모양을, 'ㅇ'은 목구멍의 모양을 각각 본떠 만들었어요. 그리고 'ㄱㅋ', 'ㄴㄷㅌ', 'ㅁㅂㅍ', 'ㅅㅈㅊ', 'ㅇㅎ'과 같이 획을 하나씩 더하여 소리가 거세지는 것을 나타냈어요. 모음은 하늘(•), 땅(ㅡ), 사람(ㅣ)을 본떠 만들었지요. 한글 창제의 원리는 이렇게 과학적이었어요. 그래서 누구나 쉽게 배울 수 있으며, 세계에서 가장 과학적인 문자로 인정받고 있어요.

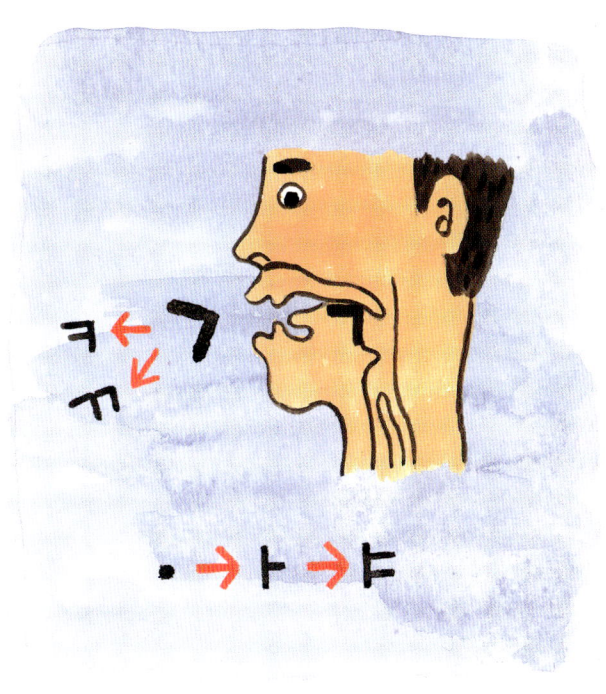

훈민정음은 발성 기관의 모양을 본떠 기본자를 만들고, 기본자에 획을 더하거나 기본자를 합하여 나머지 글자를 만들었어요.

한글은 누가 주로 사용했나요?

한글이 처음 만들어졌을 때는, 한자 발음을 정확하게 표기하거나 왕실에서 불경과 사서 경전을 번역하는 데 한글을 사용했어요. 한글은 차츰 민간에 보급되어 한문을 잘 모르는 평민이나 여성들 사이에 널리 퍼져 사용되었어요. 이들은 기록을 남기기도 하고, 친지나 친구들과 한글로 편지를 주고받았어요. 한문을 사용하는 양반들도 한글로 시나 산문을 쓰기도 하였어요.

상궁이 쓴 한글 편지
궁궐의 여성들이 한글을 쓰면서 단아하면서도 아름다운 한글 서체가 완성되었어요. 이를 '궁체'라고 부르지요.
국립고궁박물관 소장.

조선 시대 가장 대표적인 기록 문화유산은 무엇인가요?

조선 시대의 가장 대표적인 기록 문화유산으로 《조선왕조실록》을 꼽아요. 《조선왕조실록》이란 첫 임금인 태조 시대의 기록인 《태조실록》부터 25대 왕인 철종의 《철종실록》까지 472년간 기록된 역사책을 뜻해요. 무려 1,893권 888책이나 되지요. 《조선왕조실록》은 역사를 기록하는 사관 외에는 아무도 기록을 볼 수 없을 정도로 법이 엄격했어요. 왕조차 자신에 대한 기록을 볼 수 없었기 때문에 사관들은 왕의 눈치를 전혀 보지 않고, 있는 사실 그대로를 기록할 수 있었습니다. 이 때문에 《조선왕조실록》이 훌륭한 기록으로서 가치를 지니게 되었어요. 왕이 돌아가시면 다음 왕이 실록청을 설치하고 사관이 쓴 기록들을 모아 선왕의 실록을 편찬하였습니다.

《조선왕조실록》
《조선왕조실록》은 그 내용이 얼마나 엄격한지 왕이 사냥을 하다 말에서 떨어졌던 일이나 말에서 떨어졌던 일은 기록하지 말라 했던 왕의 명령까지도 기록되어 있어요. 화재나 전쟁 같은 만일의 사태에 대비해 여러 부를 만들어 각각 따로 보관했기에 오랫동안 온전히 전해질 수 있었습니다. 한국학중앙연구원 소장.

조선은 어떻게 세계 최대 기록 문화유산을 남겼나요?

《승정원일기》는 무려 3,243책에 달하는 세계 최대 기록 문화유산이에요. 그 분량이 《조선왕조실록》의 4배가 넘지요. 《승정원일기》는 오늘날의 대통령 비서실인 승정원에서 매일매일, 왕의 일정이나 왕에게 보고된 자료들을 모아 한 달에 한 권씩 책으로 엮어 보관한 일기예요. 조선 개국 초기부터 일기가 있었으나 임진왜란과 화재로 소실되어 현재 1623년 인조 때부터 1910년 8월까지의 기록이 남아 있어요.

《승정원일기》
승정원에서 왕의 업무를 매일매일 기록한 업무 일지라고 할 수 있어요. 규장각 소장.

● 책을 셀 때 '권'과 '책'은 어떻게 다른가요?
옛날 책을 세는 단위는 몇 권 몇 책으로 나타냈어요. '권'은 책의 내용을 구분하는 단위로 오늘날 1편, 2편처럼 부를 나눌 때 쓰는 말이에요. 여기서 '책'이란 종이로 제본된 형태를 말해요. 1,893권 888책은 내용으로 나누면 1,893개라는 뜻이고, 888책은 요즘 책을 세는 단위로는 888권이란 뜻이에요.

의궤는 왜 만들었나요?

의궤는 왕실의 여러 행사를 기록한 책이에요.
행사의 전 과정을 그림과 글로 낱낱이 기록하여
뒷날 참고로 삼을 수 있게 했을 뿐 아니라,
국정을 투명하고 상세하게 기록하여 백성들에게
모범이 되는 정치를 수행하려는 목적이 있었어요.
의궤는 다른 나라에는 없는 조선만의 독특한
기록 문화유산이에요.

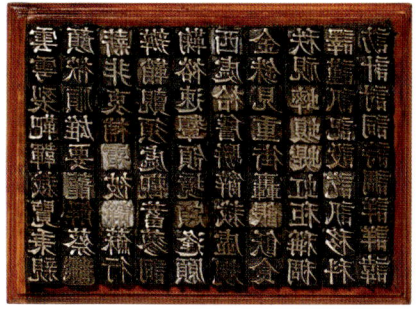

정리자
정리자는 의궤를 편찬하기 위해 특별히 주조했던
활자였어요. 국립중앙박물관 소장.

배다리 그림
《원행을묘정리의궤》에는 정조대왕의 행렬이 한강을 건널 때
사용한 배다리 그림이 그려져 있어요. 배다리는 주변의
배를 모아 임시로 설치한 다리였지만 상판을 만들고
난간까지 설치한 튼튼한 다리였습니다. 규장각 소장.

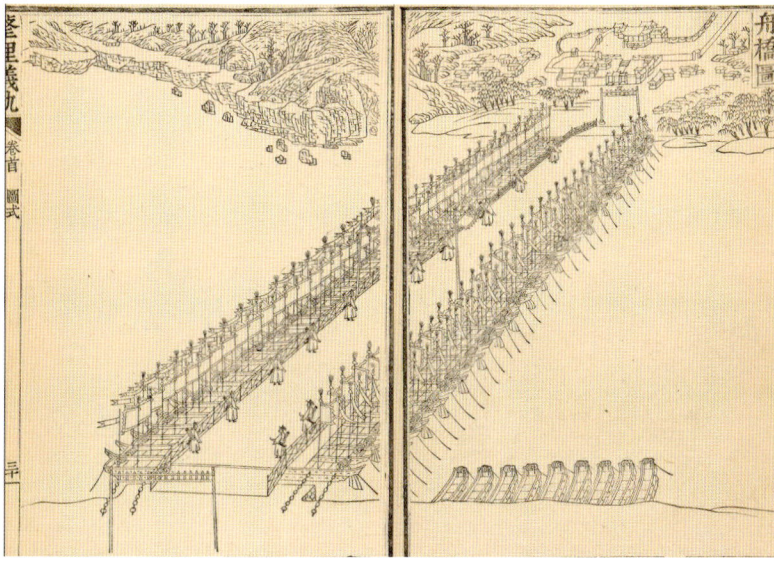

〈화성능행도〉
1795년 정조가 어머니 혜경궁 홍씨의 회갑을 축하하기 위해
아버지 사도세자의 능원이 있는 화성 현륭원으로 어머니와
함께 행차하는 모습을 그린 그림이에요. 정조는 화성 행차
7일 간의 여정을 《원행을묘정리의궤》에 글과 그림으로
기록하게 하였고, 이를 기초로 한 병풍도 제작하게
했어요. 국립고궁박물관 소장.

집현전은 어떤 곳인가요?

'집현전'이란 이름은 '현명한 사람들을 모은 기구'라는 뜻을 가졌어요. 이름처럼 젊고 뛰어난 학자들을 모은 곳이에요. 세종 때 옛 제도를 연구하고 책을 편찬하기 위해 궁중에 설치됐어요. 세종은 집현전을 귀한 책들로 채우고 학자들이 연구에 전념할 수 있도록 뒷받침했어요. 그래서 집현전에는 성삼문, 신숙주, 하위지, 박팽년과 같은 유능한 학자들이 많이 모였어요. 그 결과《국조오례의》《고려사》《농사직설》《삼강행실도》 같은 다양한 분야의 서적들이 편찬되었고 훈민정음도 창제될 수 있었습니다.

집현전이 있던 자리에 세워진 수정전

● 집현전은 어디에 있었나요?

집현전은 경복궁 근정전 서쪽에 세워졌어요. 하지만 집현전 학사 여럿이 단종을 복위시키려 한 일이 탄로 나 세조 때는 집현전을 폐했어요. 건물은 다른 용도로 쓰이다 임진왜란 때 소실되었고, 지금은 고종 때 새로 지어진 수정전이 그 자리를 지키고 있습니다.

세종대왕과 학자들이 집현전에 모여 연구하는 모습

정조는 규장각을 왜 만들었나요?

규장각은 창덕궁 안에 지은 왕실 도서관이에요. 이곳에 역대 임금의 글이나 글씨들을 보관했어요. 하지만 정조가 규장각을 만든 목적은 가문이나 신분에 관계없이 실력 있는 인재를 등용해 학문을 연구하고 나라의 중요한 일들을 결정하기 위해서였어요. 서얼 출신인 이덕무, 유득공, 박제가를 등용해 함께 정치를 토론하며 책도 편찬하게 했습니다. '손님이 오더라도 일어나지 않는다.'는 글씨가 걸려 있었을 만큼 규장각 각신들은 사명과 긍지를 가지고 일했습니다. 정조는 화재나 만일의 상황에 대비해 강화도에 규장각의 부속 도서관인 '외규장각'을 설치했어요. 하지만 병인양요(1866) 때 프랑스 군이 침략해 수천 권의 서적을 불태우고 의궤와 수백 권의 서적을 약탈해 갔어요. 이때 가져간 의궤들은 빌려오는 방식으로 최근 우리나라에 돌아왔어요.

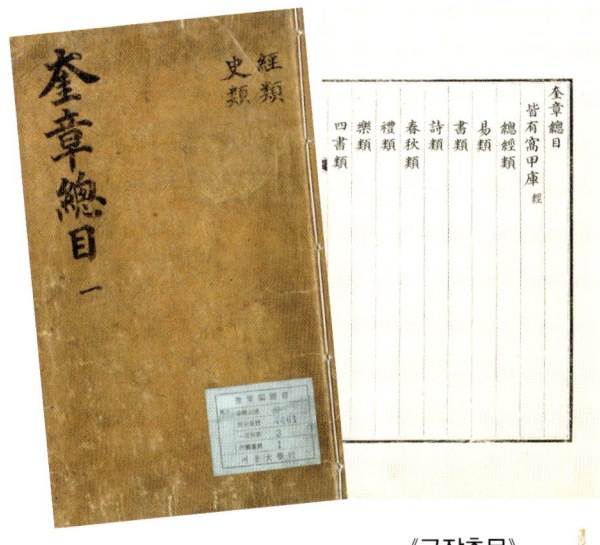

《규장총목》
규장각이 소장하고 있는 도서들의 목록을 정리한 책이에요. 유교 경전, 역법, 시 같은 도서들이 도서분류법에 따라 정리되어 있어요. 규장각의 책과 자료들은 지금 서울대학교 규장각 한국학연구원에서 보관하고 있어요. 규장각 소장.

〈규장각도〉
정조가 즉위한 뒤 세운 규장각을 그린 그림이에요. 도화서 화원인 김홍도가 그린 작품이지요. 창덕궁 후원에 자리한 규장각과 주변 경치가 아름답게 묘사되어 있어요. 김홍도, 국립중앙박물관 소장.

조선 시대에도 대학교가 있었나요?

성균관은 조선의 최고 교육기관으로서 오늘날로 보면 국립대학이라고 할 수 있어요. 미래에 과거 시험을 볼 문관 후보생들이 이곳에서 공부를 했지요. 생원이나 진사과를 통과한 학생들이 우선적으로 입학할 수 있었어요. 성균관은 창덕궁 동쪽에 맞닿아 있었는데, 주변 마을인 반촌은 조선 시대의 대학가라고 할 수 있어요. 성균관 아래에는 4개의 학당이 있었어요. 서울의 네 곳에 각각 세워져 중학, 동학, 서학, 남학이라 했습니다. 학당의 우수한 학생들이 생원이나 진사 시험을 준비했어요.

● **성균관 옆 반촌은 어떤 마을인가요?**
성균관은 반궁이라고도 했는데, 여기에서 반촌이라는 이름이 나왔어요. 반촌 사람들은 성균관 유생들의 식사, 청소 같은 일을 담당하는 대가로 쇠고기를 독점 판매할 수 있는 권리를 얻었어요.

〈성균관도〉
성균관의 건물 구조와 배치를 알 수 있는 이 그림은 영조 때 제작된 《태학계첩》에 실려 있어요. 성균관을 그린 그림으로는 가장 오래된 유물이에요. 서울역사박물관 소장.

〈왕세자입학도〉
성균관의 학생 가운데 왕세자도 있었어요. 이 그림은 왕세자가 성균관에 입학한 후 스승으로부터 가르침을 받고 있는 장면을 그린 그림이에요. 국립고궁박물관 소장.

향교는 어떤 곳인가요?

향교는 관리를 기르기 위해 고을마다 설치한 지방의 교육기관이었어요. 향교에 입학하려면 신분이 양인 이상이어야 했어요. 향교에 입학한 이들을 교생이라 하지요. 교생들은 농한기에는 오늘날의 기숙사와 같은 향교의 동재와 서재에 머물면서 유학 경전을 배우고, 농번기에는 농사를 돌보았다고 해요. 우수한 교생들은 생원이나 진사 시험을 보기도 했어요. 향교는 공자의 위패를 모시는 중요한 곳이었기 때문에, 수령이 부임해도 반드시 향교에 인사를 드려야 했어요.

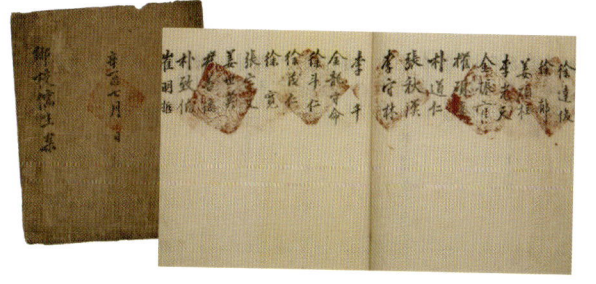

김해향교에 소속된 유생들의 명부
향교유생안. 국립민속박물관 소장.

용궁향교
용궁향교는 경상북도 예천군 용궁면에 위치한 향교예요. 1398년 태조 때 지었으나 임진왜란으로 소실되어 선조 때 다시 지었지요. 향교는 고을의 관아, 객사와 함께 고을의 중심에 자리 잡고 있어요. 박필우 소장

서원은 어떤 곳인가요?

향교가 공교육기관이라면 서원은 지방 사회에서 양반들이 만든 사교육기관이라고 할 수 있어요. 서원에서는 학문을 가르치며 나랏일을 논하여 여론을 일으키기도 했어요. 우리나라 최초의 서원은 백운동서원이에요. 풍기 군수 주세붕이 고려 말 성리학을 최초로 들여온 안향을 기리기 위해 세웠지요. 서원에는 동재, 서재와 같은 일종의 기숙사가 있었고 학자들은 원생들을 모집하여 유학을 가르쳤어요.

최초의 성리학자 안향
안향은 고려 후기의 대표적인 문신이며 우리나라에 성리학을 들여온 성리학자예요. 성리학은 조선이 유교 국가의 기틀을 세우는 밑바탕이 되었어요. 국립중앙박물관 소장.

● **서원에 소속된 사람들도 있었나요?**
서원에는 딸린 토지와 노비들이 많았어요. 서원에서 허드렛일을 하는 노비들도 있지만, 서원에 딸린 땅에서 인근 농민들이 농사를 지었어요. 이들에게는 서원과 서원의 높은 직책을 가진 사람들은 하늘 같은 존재였어요.

서원은 학문 교육 이외에 어떤 역할을 했나요?

서원은 학문을 가르치는 기관일 뿐 아니라 지방 선비들이 모이는 구심점 역할을 했어요. 서원은 학문적으로 높이 받드는 인물을 중심으로 만들었으므로 학파들이 형성되었어요. 이런 학파들은 조선 후기 붕당이 만들어지는 것과 관련이 있었어요. 서원은 그 지역에서도 대단한 존재였어요. 서원을 만든 사람들이 그 지역을 호령하는 높은 양반이었기 때문이에요.

〈도산서원〉
이 그림은 조선 후기 실학자 이익이 강세황에게 부탁하여 그린 도산서원이 있는 풍경이에요. 도산서원은 이황의 학문적 업적을 기리기 위해 세운 서원이에요. 서원에서는 스승과 제자, 동료의 관계가 이루어졌고 이는 학파로 발전해나갔어요. 퇴계 이황과 율곡 이이를 중심으로 하는 학파가 대표적이었어요. 강세황, 국립중앙박물관 소장.

서당에는 아이들만 다녔나요?

서당은 처음에는 양반 자제들의 과거 공부를 위해 만든 곳이었어요. 학자들과 현직에 있거나 퇴임한 관리들이 개인적으로 서당을 만들었어요. 퇴계 이황도 서당을 세워 후학들을 양성했어요. 이런 서당들은 교육 수준이 높았고, 운영 방식도 서원 못지않았어요. 그래서 서당이 나중에 그 스승을 모시는 서원으로 발전하기도 했어요.

〈서당〉
조선 후기 들어 점차 어린아이들을 위한 서당이 많이 만들어졌어요. 나중에는 평민 아이들도 서당에 다녀 이 아이들을 위한 서당이 따로 만들어지기도 했지요. 김홍도, 국립중앙박물관 소장.

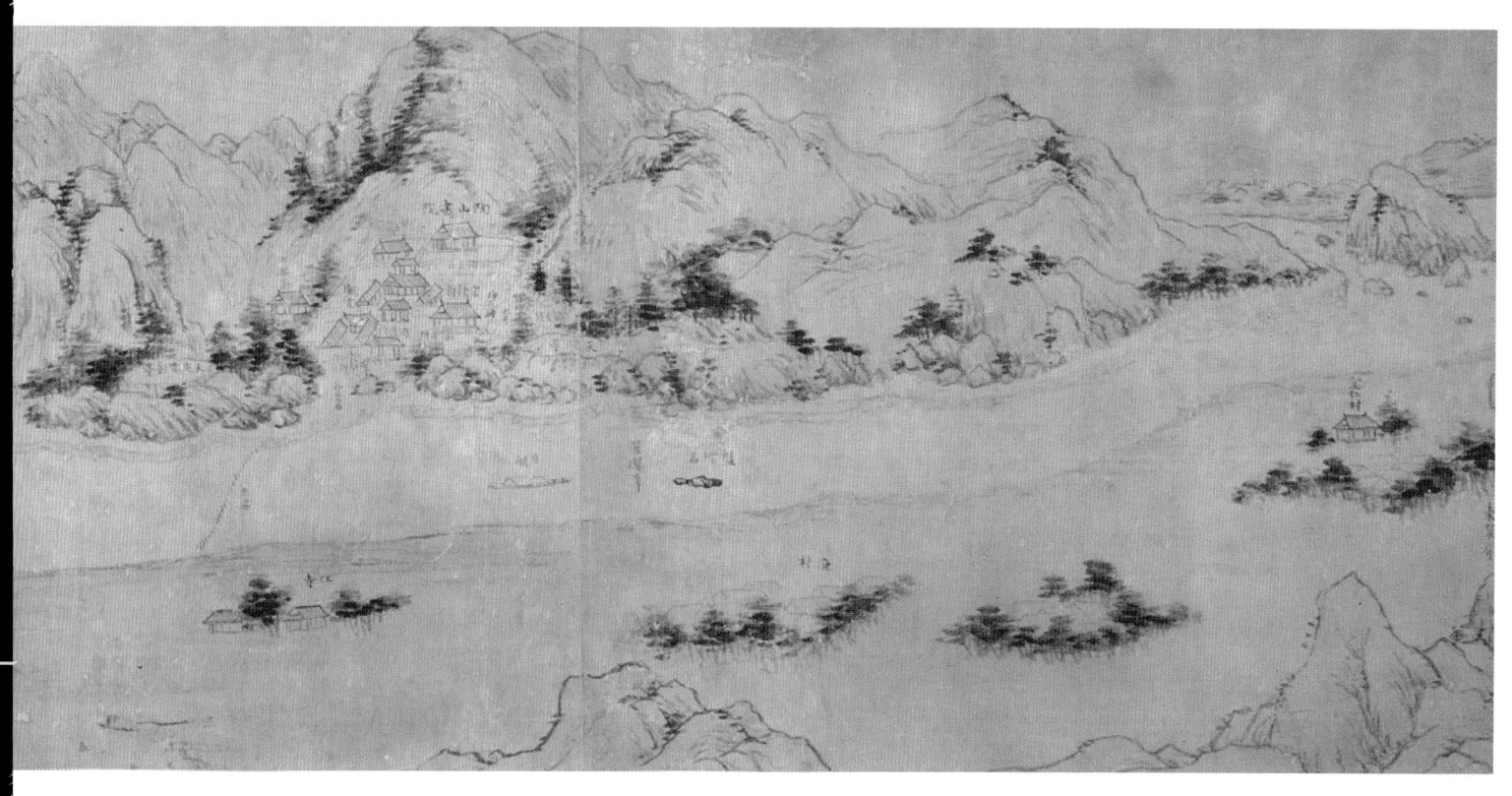

유교의 예법은 중요한 공부였나요?

조선은 유교를 바탕으로 세운 나라여서 유교의 의례와 예법이 국가의 법도로서 매우 중요했어요. 국가에서는 의례상정소라는 전담 기구를 만들고 유교적인 제도와 의례를 연구했어요. 세종이나 정조처럼 학문이 깊은 왕은 말할 것 없고 역대 여러 왕들이 예법에 대한 책을 편찬하도록 명령하거나 직접 참여할 정도로 관심을 가졌어요.

세종 때 시작하여 성종 때 완성된 《국조오례의》는 국가의 기본 예식을 다섯 가지로 정리한 책이에요. 조선 시대에는 유교 의식이나 예법이 모든 행사의 기본이 되었기에 학자들도 대부분 유교 의례 연구에 참여하였어요.

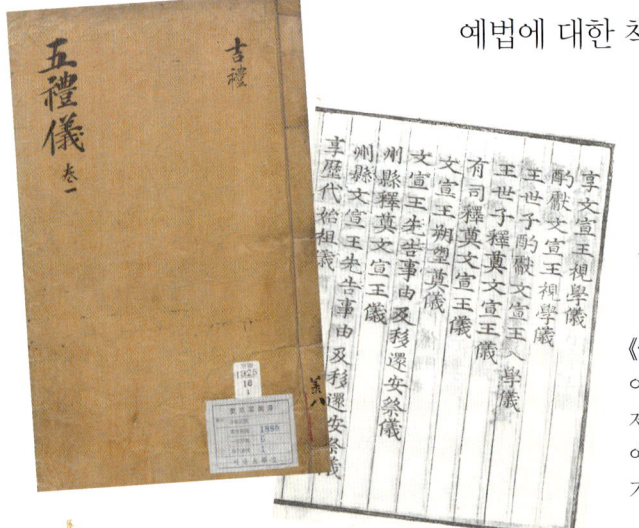

《국조오례의》
이 책에는 왕실 행사와 관련하여 혼인식, 종묘사직에 제사를 올리는 의식, 선농제, 기우제 등 제사에 관한 예법과 외국에서 사신이 왔을 때 접대하는 규칙 등이 기록되어 있어요. 규장각 소장.

성리학은 어떤 학문이었나요?

공자와 맹자의 가르침을 따르는 유학은 중국 송나라 때 주자에 의해 성리학으로 발전했어요. 성리학은 우주 만물의 근원이 되는 이치와 인간 본연의 심성에 대해 연구하는 학문이에요. 우주와 자연의 원리와 인간 사회의 질서를 설명하려 했어요. 우리나라에는 성리학이 고려 말기에 들어와서 조선 시대에 꽃을 피웠어요.

성리학자로는 누가 유명한가요?

대표적인 성리학자로는 이황과 이이가 있어요. 성리학에서는 인간이 수양을 통해 성인이 될 수 있다 여기고 왕도 인격을 수양해 성군으로서 국가를 다스려야 한다고 주장했어요. 이를 왕도 정치라 했지요. 이황은 17세의 나이로 왕위에 오른 선조를 위해 성리학을 10개의 그림으로 쉽게 설명한 《성학십도》를 지어 왕에게 올렸어요. 이이도 선조에게 올바른 정치의 방법을 정리한 《성학집요》를 지어 바쳤습니다.

● 성리학은 조선에 어떤 영향을 미쳤나요?

성리학에서 가장 중요하게 생각한 덕목은 부모에 대한 '효'였어요. '효'는 임금에 대한 '충'으로 이어졌고, 삼강오륜은 조선 사회를 유지하는 중요한 가치였어요. 성리학은 일상생활에도 영향을 미쳐 혼인, 상속, 제사 등 여러 가지 제도나 의례에 변화를 주었어요. 성리학은 관리를 뽑을 때도 중요한 기준이 되었어요. 성균관이나 여러 교육기관에서 성리학을 가르치고 과거시험 과목으로 다루어지다보니 성리학은 더욱 넓게 보급되었어요.

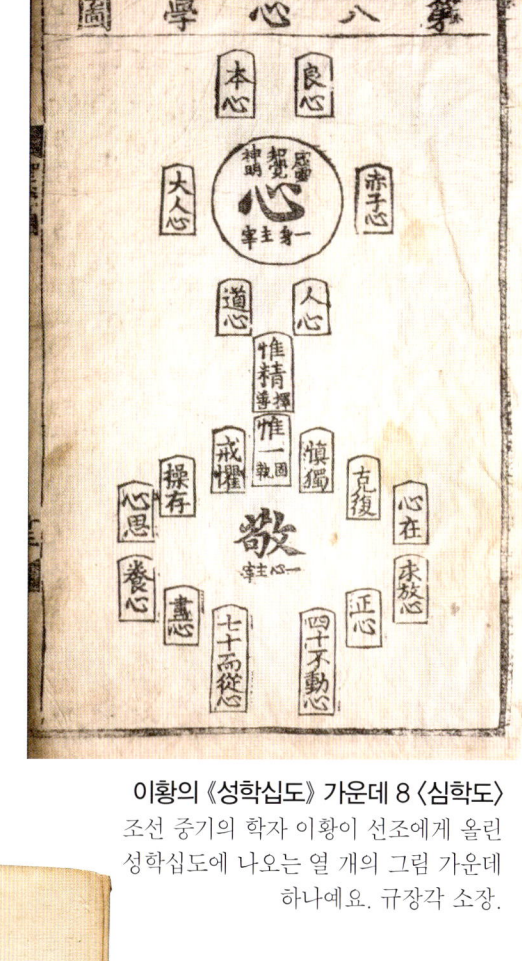

이황의 《성학십도》 가운데 8 〈심학도〉
조선 중기의 학자 이황이 선조에게 올린 성학십도에 나오는 열 개의 그림 가운데 하나예요. 규장각 소장.

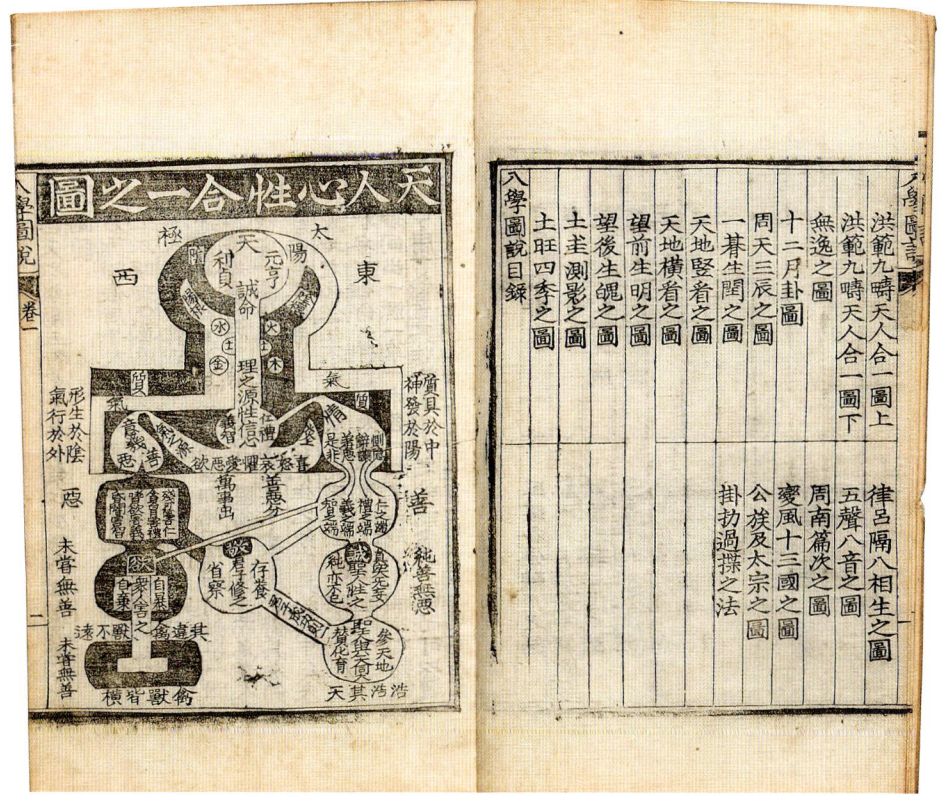

《입학도설》
권근의 《입학도설》은 성리학 입문서예요. 그림을 통해 성리학의 중심 사상을 설명해 놓았어요. 땅은 기에 의해 중앙에 떠 있고 하늘은 기의 회전 속도에 따라 여러 층으로 나뉜 모습을 그려 놓았어요. 국립중앙박물관 소장.

실학은 어떤 학문인가요?

실학은 조선 후기에 나타난 실제 사회 문제를 해결하기 위한 학문이에요. 실학자들은 농민들이 마을 단위로 공동 경작하는 방법과 땅을 골고루 나눠 갖거나 정해진 면적 이상 갖지 못하게 하는 방법을 생각했어요. 세금, 관직, 군사 같은 백성들의 삶과 밀접한 여러 문제에 관한 개혁 방안들도 제시했지요. 실학자 가운데 청나라의 앞선 문물을 적극적으로 배워야 한다고 강조한 홍대용, 박지원, 박제가 들을 '북학파'라고 해요. 이들은 상공업을 발달시켜 나라를 부강하게 만들어야 한다고 주장하기도 했어요.

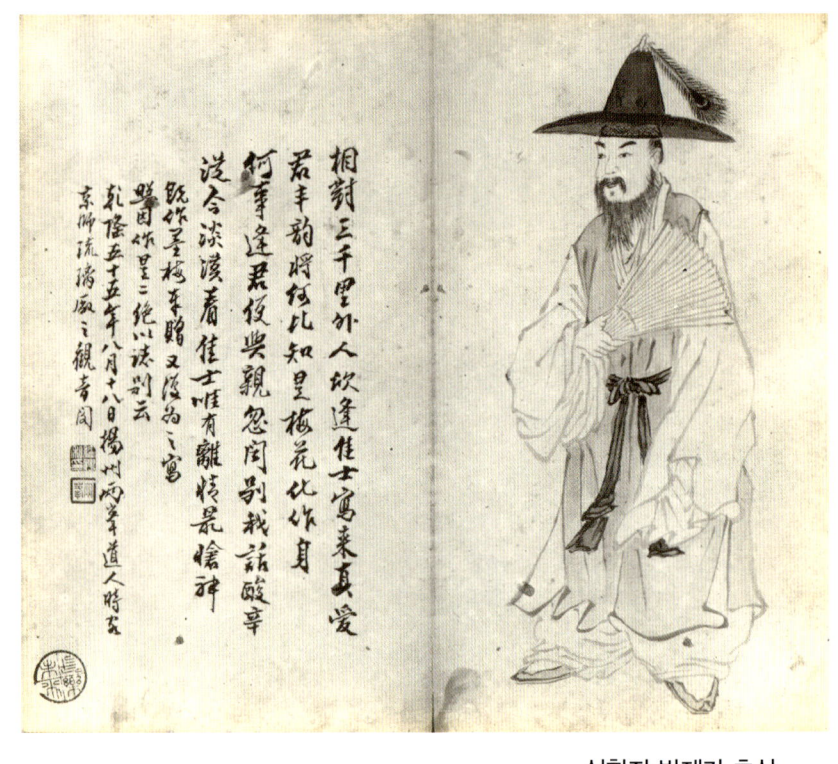

실학자 박제가 초상
박제가는 중국어에 능통하여 정조에게 실력을 인정받아 네 차례나 중국에 사신으로 다녀왔어요. 이 그림은 박제가가 중국에 갔을 때, 청나라 화가 나빙이 그와의 이별을 아쉬워하며 직접 그려 선물한 초상이라고 합니다.
나빙, 과천시 추사박물관 소장.

● **유배지에서도 실학을 연구했나요?**
실학자들은 대부분 정치권력에서 벗어나 지방에 숨어 살거나 귀양을 간 경우가 많았어요. 정약용과 정약전 두 형제는 유배지에서 많은 저술들을 남겼습니다.

실학자로는 누가 유명한가요?

먼저 유형원을 들 수 있어요. 유형원은 일생 동안 시골에 숨어 살면서 국가 제도의 개혁에 대해 연구했어요. 《반계수록》을 저술하여 그의 사상을 담아냈지요. 이익은 시골에서 한평생 학문에 몰두하면서 《성호사설》을 썼어요. 실학을 종합하고, 정리한 학자로는 정약용을 꼽을 수 있어요. 정약용은 18년 동안 유배 생활을 하면서 백성을 위한 정책들을 구상했어요. 그가 쓴 《목민심서》, 《경세유표》에는 이러한 내용들이 실려 있습니다.

실학자 정약전은 귀양 간 섬인 흑산도에서 물고기를 연구하여 《자산어보》를 썼어요.

실학은 조선 사회에 어떤 영향을 주었나요?

실학자들은 우리 민족의 전통과 현실 문제에 관심이 많았어요. 우리 입장에서는 우리 스스로가 가장 중요하기 때문이지요. 안정복, 유득공 같은 학자는 우리 역사를 열심히 연구했어요. 김정호는 우리나라 지리에 대해서도 관심을 가져서 지도를 만들고 지리지를 썼어요. 김정호의 《대동여지도》도 이때 만들어졌지요. 이중환은 전국 곳곳의 자연환경이나 사람들이 살아가는 모습을 자세히 담은 《택리지》를 썼어요. 조선 후기에는 한글에 대한 연구도 더욱 발전했어요.

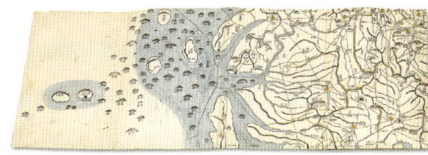
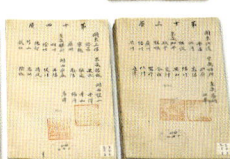

《대동여지도》
1861년 김정호가 목판으로 제작한 전국 지도예요. 지도는 한 권의 책으로 묶어 접고 펼 수 있도록 만들었어요. 이 지도는 22권의 책으로 이루어져 하나로 연결하여 펼치면 세로 약 6.7m, 가로 약 3.8m의 대형 지도가 됩니다. 국립중앙박물관 소장.

김정호의 《대동여지도》 목판
이 목판은 《대동여지도》를 인쇄하기 위해 만들었어요. 가로 43cm, 세로 32cm 정도의 크기로 만들어졌어요. 인쇄를 하여 지도를 많은 사람들이 이용할 수 있도록 제작하였습니다. 국립중앙박물관 소장.

신사임당은 어떤 여성인가요?

율곡 이이의 어머니인 신사임당은 성리학이 뿌리내리기 직전의 시대를 살았어요. 그래서 결혼 후에도 비교적 자유롭게 친정인 강릉에서 오랫동안 생활할 수 있었어요. 신사임당은 시, 글씨, 그림을 비롯하여 자수와 바느질에도 뛰어났어요. 자수와 바느질 솜씨는 과거 공부를 하던 남편을 대신해 가족들을 부양하기 위한 책임감에서 비롯되었다고 해요.

그림은 산수도, 초충도 들이 전해지는데, 율곡 이이에 따르면 산수도와 포도 그림이 특히 뛰어났다고 해요. 후대에 와서는 율곡 이이를 숭상하는 유학자들이 사임당을 예술가로 보기보다는 이이의 어머니였다는 점에서 유교적 덕목을 실천한 훌륭한 여성이라고 부각시켰어요.

신사임당의 작품으로 전해지는 〈초충도〉
신사임당(1504~1551)은 조선 초기의 대표적인 여성 화가예요. 특히 여덟 폭 병풍으로 전해지는 이 초충도는 수박과 가지, 들쥐, 방아깨비, 잠자리, 나비의 묘사가 섬세하고 색채가 선명하기로 유명해요. 국립중앙박물관 소장.

학문으로 뛰어난 여성도 있었나요?

성리학에 밝은 여성 학자로 임윤지당이 있었어요. 유명한 성리학자였던 임성주의 여동생인 임윤지당은 오빠에게 학문을 배웠어요. 임윤지당은 결혼을 한 뒤에도 열심히 공부를 하고 오빠 임성주와 동생 임정주와 편지문답을 주고받으며 높은 경지에까지 올랐어요. 그의 동생 임정주는 누나에 대해 '여인들 중의 군자'라며 칭송을 아끼지 않았어요. 후대 남성 학자들도 그를 칭송했어요. 또 다른 여성 학자 강정일당도 글씨를 잘 썼으며 시문과 경서에도 뛰어났어요.

《윤지당유고》
조선 후기 여성 성리학자 임윤지당의 문집.
국립중앙박물관 소장.

〈독서하는 여인〉
윤덕희, 서울대학교박물관 소장.

● 김만덕은 어떤 여성인가요?
조선 시대에도 경제 활동을 하는 여성이 많았어요. 제주 출신의 김만덕은 크게 성공한 여성이었어요. 김만덕은 본래 양인이었으나 고아가 된 뒤 잠시 기생이 되었다가 장사를 하게 되었어요. 제주 항구에 객주를 차리고 육지와 거래하는 장사를 하여 많은 재산을 모았습니다. 제주에 흉년이 들자 많은 재산을 내어 육지에서 곡식을 사들여 백성들을 구제하기도 했어요. 이 공으로 정조가 김만덕의 소원을 받아들여, 한양으로 불렀기에 대궐에도 들어가고 금강산도 구경할 수 있었어요. 김만덕은 당대 많은 문인들의 칭송을 받았어요.

여성 가운데 실학자라고 일컬을만한 인물이 있나요?

이빙허각은 여성 실학자라고 일컬어지고 있어요. 한글로 《규합총서》라는 생활 지침서를 간행해 요리, 음식, 염색, 세탁, 밭 갈기, 가축 기르는 법, 벌레 없애는 법, 태교, 응급 처방 같이 일상생활에서 꼭 알아야 할 생활의 슬기를 상세하고 분명하게 서술해 놓았어요.

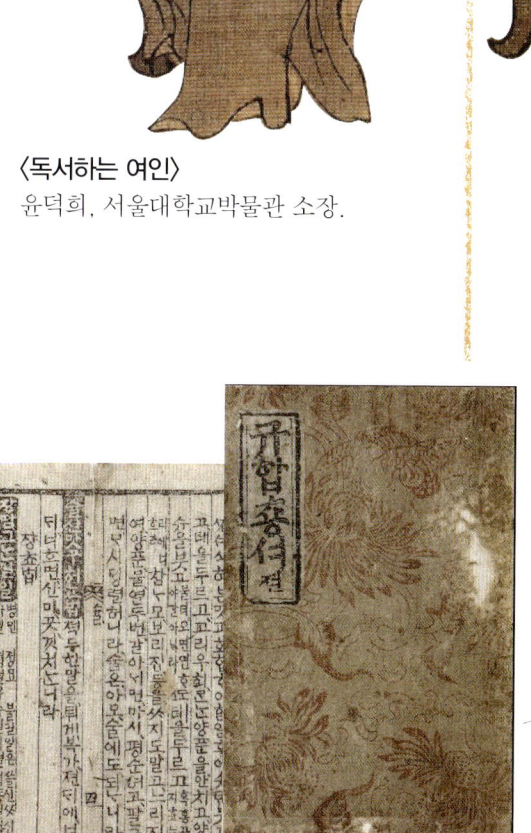

일상생활에 필요한 지식을 정리한 《규합총서》
장 담그는 법, 술 빚는 법, 옷 만드는 법 같이 일상생활에서 겪은 자신의 경험을 다른 사람들과 나누기 위해 정리한 책이에요.
빙허각 이씨, 규장각 소장.

화성은 계획도시였나요?

화성은 수원시 중심에 있는 전체 길이가 약 6킬로미터에 달하는 큰 성이에요. 한양 도성 다음으로 큰 성이지요. 화성은 1794년 정조가 새로운 도시의 건설을 계획한 뒤 1796년 정조 즉위 20년에 완공한 계획도시였어요. 정조는 아버지 사도세자 무덤을 수원 화산으로 옮기고 산 아래에 있던 수원읍을 화성으로 옮겼어요. 정조는 화성을 중심으로 경제적으로도 여러 가지 사업을 벌였어요. 수원을 농업과 상업의 중심지로 만들려고 했지요.

〈화성 전도〉, 《화성성역의궤》, 규장각 소장.

〈화성 전도〉

❶ **장안문** : 화성의 정문. 북쪽 방향으로 세워졌어요.
❷ **동북노대** : 노(큰 화살)를 쏘는 곳
❸ **동북공심돈** : 멀리까지 망을 보던 망루. 계단이 소라 껍데기처럼 되어 있어서 소라각이라고 불러요. 이 계단은 화성에서만 볼 수 있어요.
❹ **팔달문** : 화성의 남문
❺ **동북각루** : 망을 볼 수 있는 곳. 방화수류정이라고도 해요.
❻ **북서적대** : 성문과 옹성을 보호하기 위해 만든 방어 시설.
❼ **서장대** : 군사를 지휘하는 본부. 서장대는 화성에서 가장 높은 팔달산 정상에 있어서 사방이 훤히 내려다보여요.
❽ **화성행궁** : 행궁이란 왕이 지방 행차 때 머무는 곳이지요.
❾ **화령전** : 정조의 어진을 모시고 추모하기 위해 세운 곳. 그의 아들 순조가 세웠어요.
❿ **봉돈** : 연기를 신호로 보내는 시설.

화성 성곽은 최신 기술로 이루어졌나요?

화성은 실학자들의 생각을 반영해 건설했어요. 정조의 신임을 받은 정약용이 거중기를 만들어 성을 쌓는 데 사용했어요. 거중기 이외에도 최신 기술을 이용한 덕분에 10년 걸릴 공사가 2년 8개월로 줄어들었어요. 화성은 우리나라 성곽으로는 처음으로 벽돌을 이용하여 쌓은 성이에요. 성을 쌓기 위해 벽돌 굽는 장인을 비롯하여 22개 분야 1,856명의 기술자들이 동원되었어요. 성곽을 만드는 과정은 《화성성역의궤》에 잘 기록되어 있어요.

● **화성은 백성들에게 어떤 도움을 주었나요?**
정조는 화성 주변에 버려진 땅을 일구어 나라에서 운영하는 시범 농장을 만들고 여기에 물을 대는 큰 저수지를 만들었어요. 화성을 쌓는 일을 끝낸 백성들에게는 이런 일이 새로운 일자리가 되었어요. 그 뒤 연이은 가뭄이 들었지만 이 저수지 덕분에 이겨낼 수 있었어요. 그래서 화성은 조선 후기 새로운 상업도시이자 농업도시로도 큰 의미를 갖고 있어요.

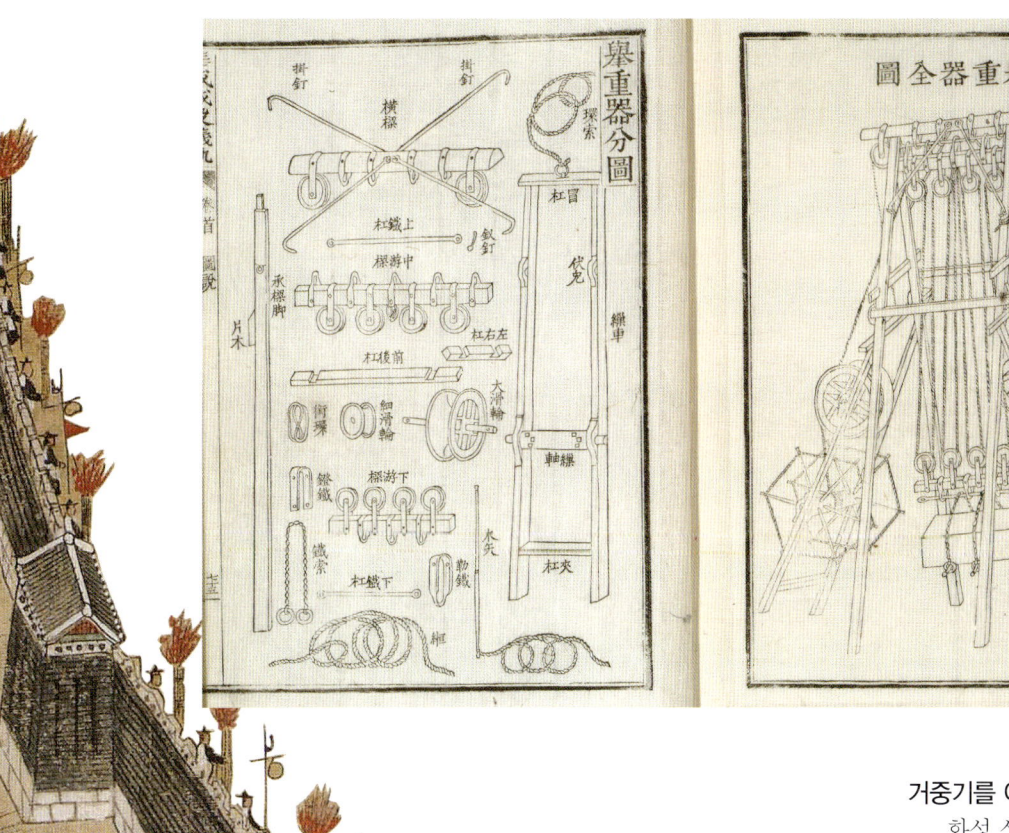

거중기
거중기는 무거운 물체를 들어 올릴 때 사용하는 운반 도구예요. 다산 정약용이 밧줄과 도르래를 이용해 만들었어요. 《화성성역의궤》에는 거중기의 각 부분에 대한 설명들이 그림과 함께 실려 있어요.
《화성성역의궤》, 국립중앙박물관 소장.

거중기를 이용하여 쌓아 올린 화성 성곽
화성 성곽의 높이는 약 6m, 길이는 약 6km에 달해요.

천문학에 관심이 많았던 이유는 무엇인가요?

조선 시대 사람들은 비나 가뭄, 일식이나 월식 같은 천문 현상이 하늘의 뜻을 담고 있다고 생각했어요. 하늘의 뜻을 아는 자가 통치자가 되어서 땅을 다스려야 한다고 여겼지요. 그래서 천문학은 하늘의 뜻을 연구하는 중요한 학문이었어요. 세종 때는 해마다 반복되는 천체의 움직임이나 자연 현상을 알아내는 역법을 만들어 내고, 천문 관측기구인 혼천의를 만들었어요. 원나라로부터 과학 기술을 받아들이기도 하고 조선만의 역법과 기구를 만들기도 했어요. 장영실은 천인이었지만 해시계를 만들어서 그 공으로 수령 자리에까지 올랐습니다. 나라에서 천문에 관심을 가진 또 다른 이유는 백성들이 농사를 짓는 데 도움을 주기 위해서였어요. 그해 농사가 얼마나 잘 되었는지 파악할 수 있다면 세를 얼마나 걷을 수 있는지도 가늠해 볼 수 있었지요.

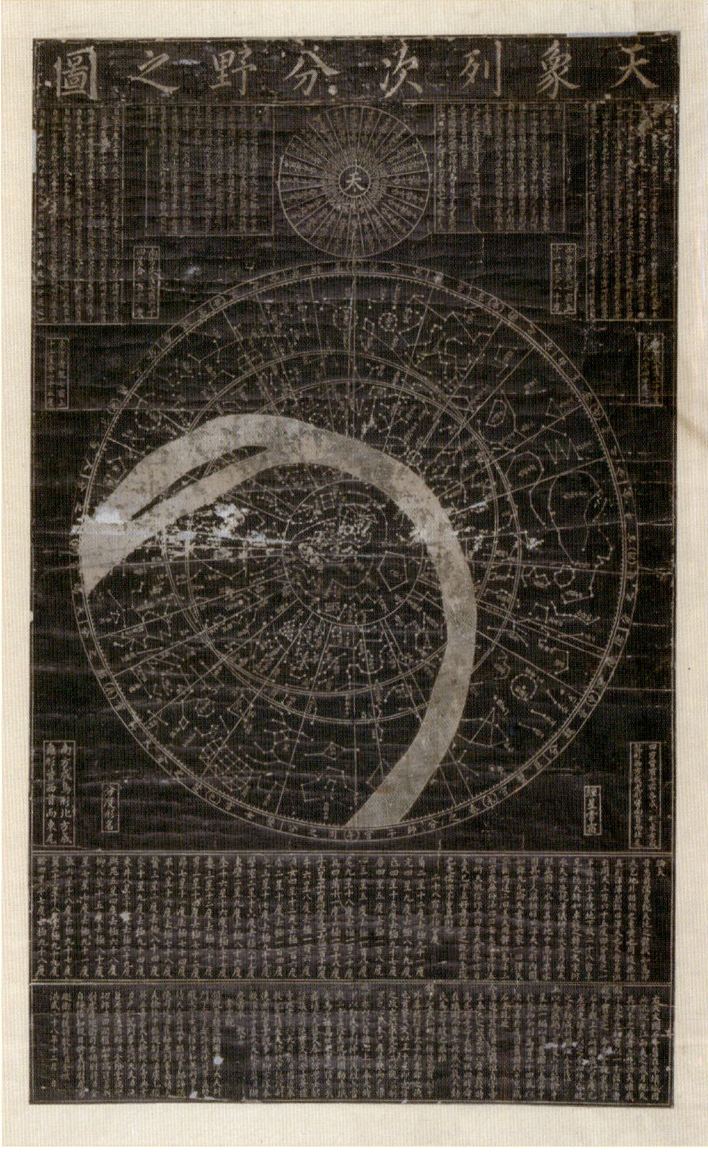

〈천상열차분야지도〉
한반도에서 볼 수 있는 대부분의 별(1,467개)을 새겨 넣은 천문도예요. 조선 건국 뒤 이 천문도를 서둘러 만들었을 정도로 천문학은 매우 중요했어요.
국립민속박물관 소장.

혼천의
천체의 운행과 위치를 관측하는 기구예요. 세종 때 정인지, 정초, 장영실 들이 혼천의를 제작한 기록이 전해지고 있어요.
한국학중앙연구원 소장.

백성들에게 시간을 어떻게 알렸나요?

조선 시대 사람들은 인간 세상의 모든 일이 하늘의 운행 법칙에 달렸다고 보았어요. 하늘의 명을 받은 왕이 하늘의 움직임에 따른 시간을 백성들에게 알리고, 백성들은 그 시간에 따라 생활했지요. 한양에서는 새벽과 저녁마다 종각에서 종을 쳐서 시간을 알려 주었어요. 낮에는 종묘 앞에 해시계를 두어 시간을 알게 하고, 정오에는 궁궐에서 북을 두드려 시간을 알렸어요. 시골에서는 정확한 시간을 알기가 쉽지 않아 해와 달이 뜨고 지는 것에 따라 생활을 했어요.

앙부일구(오른쪽), 휴대용 앙부일구(왼쪽)
앙부일구는 솥 모양의 해시계라는 뜻이에요. 햇빛에 따라 바늘의 그림자가 시각을 가리키지요. 시각선은 해가 뜨는 묘시(5~7시)부터 해가 지는 유시(17~19시)까지 그려져 있고, 각 시각선 사이는 1각(약 15분)을 나타내요. 세종 때 만들어져 사람들이 많이 다니는 종로 혜정교 다리 위와 종묘 거리에 설치하였어요.
국립고궁박물관 소장.

보루각 자격루
자격루는 큰 물그릇에 담긴 물이 아래에 있는 그릇을 거쳐 물받이통에 고이면서 시간을 측정하게 한 물시계예요. 때가 되면 자동으로 종과 징, 북이 울리도록 고안되어 시각을 알려 주었지요. 현재 중종 때 만든 자격루 일부만이 덕수궁에 남아 있어요. 국립중앙박물관 소장.

> ● **《칠정산》은 어떤 책인가요?**
> 《칠정산》은 세종 때 만들어진 우리나라의 책력이에요. 책력은 천체의 운동을 관측하여 1년 동안의 월일, 해와 달의 운행, 월식과 일식 같은 특별한 기상 변동을 적은 책이지요. 칠정(해, 달, 수성, 금성, 화성, 목성, 토성)의 움직임을 계산한다는 의미에서 '칠정산'이라 이름 지었어요.

측우기는 왜 만들었나요?

측우기는 구리로 된 원통에 빗물을 받아서 비가 내린 양을 재는 기구예요. 세종의 아들인 문종이 세자 시절에 생각해냈다고 해요. 측우기는 세계 최초로 비의 양을 재는 기구였어요. 농사를 잘 지으려면 날씨의 변화를 잘 알아야 했어요. 비의 양을 아는 일은 농사를 지을 때 큰 도움이 되었지요. 나라에서는 전국 각 고을에 측우기를 보내 비의 양을 재도록 했어요. 이렇듯 과학기술이 발달하면서 농업 생산량도 크게 늘어났다고 해요.

조선 시대에도 세계지도가 있었나요?

조선 초기인 1402년에 '혼일강리역대국도지도'라는 긴 이름의 세계지도가 제작되었어요. 국가의 최고 의결기관인 의정부의 김사형, 이무, 이회, 권근이 이 지도를 만드는 데 참여했어요. '혼일강리역대국도지도'란 대대로 이어 내려온 나라들의 수도를 표기한 지도라는 뜻이에요. 중국을 중심으로 그린 세계지도로, 우리나라도 상당히 크게 그려 놓았어요. 동남아시아 쪽은 평평한 선으로 그려 놓았고, 인도는 아주 작게 그려져 있지요. 아프리카 대륙도 작게 그린 데다가 가운데에 큰 호수를 그려 놓기도 했어요.

● **서양의 세계지도는 조선에 언제 들어왔나요?**
서양의 세계지도를 처음으로 동양에 소개한 사람은 예수회 선교사 마테오 리치였어요. 1603년 중국 베이징에 갔던 조선 사신이 마테오 리치가 그린 〈곤여만국전도〉라는 세계지도를 들여왔지요. 이 지도는 요즘과 같이 구대륙을 왼쪽, 신대륙을 오른쪽에 그렸어요. 한반도에 대해서는 별로 정확하게 그려 놓지 않았어요.

〈혼일강리역대국도지도〉
이 지도는 동양에서 만들어진 가장 오래된 세계지도예요. 원본은 전하지 않고 모사본만이 남아 있어요. 규장각 소장.

우리 땅에 대한 관심이 높았나요?

조선 초기에는 우리 땅에 대한 관심이 높았어요. 지도는 나라를 지키는 데 필요했고 지방을 다스리기 위해서도 없어서는 안 될 자료였어요. 그래서 조선에서는 왕의 명령으로 지도를 만들었어요. 압록강과 두만강이 국경선이 되면서 강줄기에 대해서도 자세히 새겨 넣었어요. 지도와 함께 지리지도 만들어졌어요. 고을마다 역사, 인물, 옛 유적, 토지, 호구의 수치, 성씨, 많이 나는 물산 등을 조사해서 기록했고, 국방을 위해 군사적 사항들도 자세하게 조사하여 기록했어요.

● **백두대간은 이 시기에 조사되었나요?**
조선 영조 때 신경준이 조선의 산맥들을 조사해서 《산경표》라는 책을 펴냈어요. 신경준은 우리나라 산줄기를 백두산에서 지리산에 이르는 백두대간을 중심으로 1개의 정간과 13개의 정맥으로 나누었어요. 정간은 함경북도를 두만강 유역과 동해안 유역으로 가르는 산맥이고, 정맥은 백두대간에서 서쪽으로 뻗어 내린 작은 산맥들을 말해요.

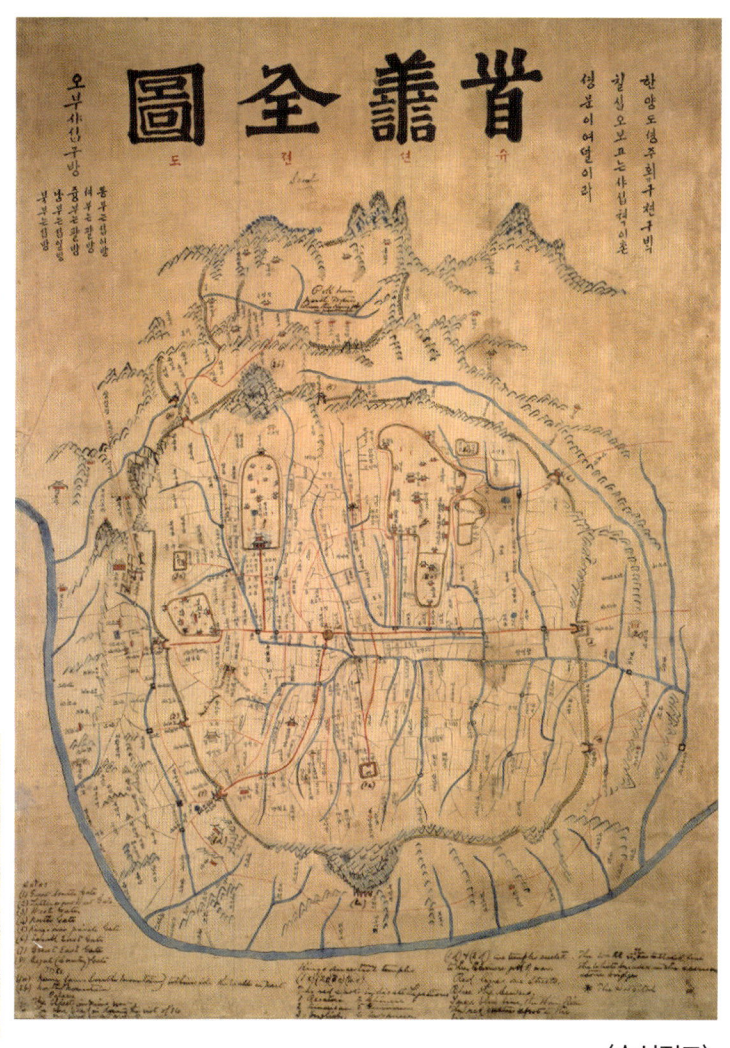

〈수선진도〉
'수선'은 서울을 뜻하는 말이에요. 〈수선전도〉는 조선 후기에 제작된 대표적인 서울 지도예요. 문화재청 소장.

울릉도 지도
울릉도를 그린 지도예요. 오른쪽 끝에 독도(우산도)가 나타나 있어요. 《해동지도》, 규장각 소장.

작은 섬도 중요했나요?

조선 후기에는 바다와 섬에 대한 영토 의식이 높아졌어요. 청나라의 위협을 느끼면서 황해도와 경기도의 바다, 섬들의 해상 방위 체제를 다시 정비하게 되었어요. 충청도, 전라도, 경상도 연해 도서 지역의 가치도 새롭게 발견되었지요. 지도에는 수많은 섬들이 자세히 그려졌어요. 독도에 대해서도 관심을 가지고 조사를 하였고, 독도(우산도)는 울릉도에 딸린 섬으로 파악이 되었어요.

뛰어난 불교 건축물도 있었나요?

조선은 유교 사회였기에 불교를 배척했어요. 하지만 불교 건축물을 세운 왕들도 있었어요. 태조는 도성 안에 흥천사를 세웠고, 세조는 원각사를 세웠어요. 정조는 아버지인 사도세자의 묘를 화성으로 옮긴 후 이를 지키는 사찰로 용주사를 세우기도 했지요. 이전 시대에 세워진 절을 보수하거나 확장하면서 새로운 건물을 짓기도 했어요. 신륵사의 조사전, 해인사의 장경판전, 금산사의 미륵전, 법주사의 팔상전은 그 가운데서도 예술적 가치를 인정받는 뛰어난 건축물들이에요. 임진왜란 이후 전쟁으로 불에 탄 유명한 절들이 다시 지어지기도 했습니다. 탑 가운데서는 서울 원각사 안에 세워진 원각사지 십층석탑이 특이하면서도 뛰어났어요. 지금은 탑골공원 안에 있지요.

원각사지 십층석탑
세조가 1467년에 세웠어요. 맨 위 3층은 오랫동안 무너진 채로 있다가 1947년에 원상태로 복구되었어요. 문화재청 소장.

〈낙산사도〉
강원도 양양의 낙산사는 주변 경치가 아름다워 시인이나 화가들이 작품으로 많이 남겼어요. 하지만 여러 번 건물 전체가 불에 타는 비극을 겪기도 했지요. 이 그림은 세조 때 중건된 낙산사의 모습을 담고 있어요. 정선, 국립중앙박물관 소장.

임진왜란 때 왜군을 물리친 스님들이 있었나요?

임진왜란 때 승병을 일으켜 왜군을 물리친 스님으로 서산 스님과 사명당 스님이 유명해요. 사명당 스님은 서산 스님의 제자예요. 사명당 스님은 일본과 강화를 하고 이후 외교에도 참여했어요. 이렇게 승려들은 중요한 전투에 참여했을 뿐 아니라 군량을 옮기고 산성을 쌓는 일에도 열심이었어요. 이러한 일들 덕분에 국가와 유학자들에게도 존경을 받았지요.

사명당 유정(1544~1610)
사명당 스님은 임진왜란이 일어나자 승병을 모집해 왜군을 격파하고 평양을 수복했어요. 1604년에는 일본으로 건너가 조선인 포로 3천 명을 데리고 돌아왔습니다. 국립민속박물관 소장.

불교 스님들이 유학자들과 교유하기도 했나요?

불교에서는 마음을 통한 유교와 불교의 일치를 주장했어요. 이 둘이 비슷하다고 주장하는 유학자도 있었고요. 스님들은 유학에 대한 소양을 가지고 있었고 유학자와 교류도 했어요. 다산 정약용이 강진에서 귀양살이를 할 때, 강진 만덕사의 승려 혜장은 다산초당을 자주 오가면서 정약용과 친분을 나누었어요. 해남 대흥사의 초의선사는 정약용뿐 아니라 추사 김정희와도 교유했습니다.

다산초당
다산초당은 다산 정약용이 유배 생활을 했던 곳이에요. 전라남도 강진군에 남아 있어요. 이곳에서 정약용은 《목민심서》를 썼습니다. '茶山艸堂(다산초당)'이라는 현판은 추사 김정희의 글씨예요. 문화재청 소장.

추사 김정희가 초의선사에게 보낸 편지
초의 선사는 차 마시는 문화를 꽃 피우고 우리 전통 차의 우수함을 널리 알린 승려예요. 조선 후기 서예가이자 실학자인 추사 김정희와는 벗으로서 평생 교류했다고 해요. 국립중앙박물관 소장.

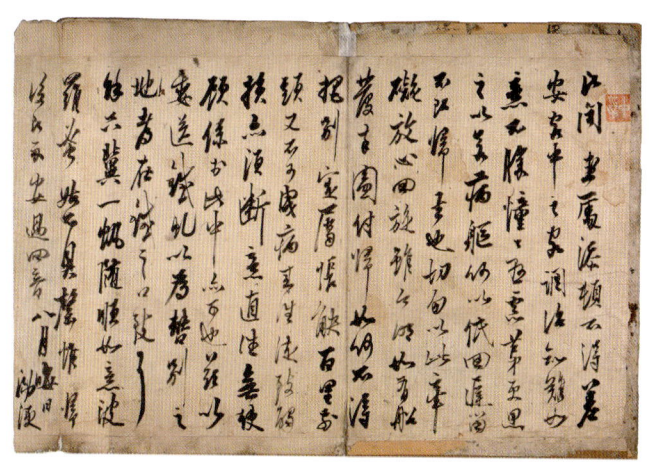

나라에서 책을 소중하게 여겼나요?

조선 시대에는 책을 통해서 백성들에게 유교를 전파했어요. 책이 없으면 통치를 할 수 없다고 여길 정도였지요. 태조 때 책을 만드는 기관으로 중앙에는 교서관을 두었고, 지방에서는 감영에서 책을 펴내도록 했어요. 귀한 책을 잘 수집했거나 책을 나라에 바치는 사람에게 관직을 내주기도 했습니다. 중국에 사신으로 가는 관리의 중요한 임무 가운데 하나는 좋은 책을 구해 오는 일이기도 했어요. 중국의 황제로부터 책을 선물받기도 했지만 중국에서는 천문, 역법, 역사, 지도 같은 중요한 정보가 들어 있는 책들이 다른 나라로 전해지는 것을 막기도 했어요.

고국으로 돌아가기 위해 배에 올라탄 조선 사신의 모습
명나라의 금유심 일행이 조선 사신을 배웅하는 모습을 그린 그림이에요. 배를 타고 떠나는 장면은 이 그림이 유일하게 전해지고 있어요. 〈송조천객귀국시장〉(부분), 국립중앙박물관 소장.

● **나라에서 만든 책은 어떻게 보급했나요?**
나라에서 만든 책은 판매하는 것이 아니라 왕이 내려 주는 방식으로 나누어 줬어요. 중앙과 지방의 관청에 나누어 주고 현직 고관, 퇴임 고관, 지방 관료들에게도 책을 나누어 줬어요. 일반 백성들을 위해 만든 책들은 지방 관청을 통해 보급했어요. 국가에서 백성들에게 가장 많이 보급한 책은 《삼강행실도》였어요. 《삼강행실도》 외에도 《농사직설》과 같은 농서와 《향약집성방》과 같은 의서가 보급되었어요.

민간에서도 책을 펴낼 수 있었나요?

민간에서 주조하여 사용한 활자
순조 때부터 고종 때까지 민간의 문집, 족보 같은 여러 가지 책을 간행하는 데 사용한 활자예요. 국가에서 만든 활자에 비해 질은 떨어지지만 민간에서 책이 널리 읽히는 데에는 큰 역할을 했습니다. 철활자, 국립중앙박물관 소장.

민간에서는 개인이 필요에 따라 서적을 간행하기도 했어요. 시문집, 전기, 족보를 많이 펴냈어요. 이러한 책들은 글자를 새긴 판각의 수준이 낮고 인쇄가 거칠었지만 민간에서 만든 소중한 자료라고 할 수 있어요. 서당이 늘어나면서 어린이들이 공부하는 《천자문》《동몽선습》《소학》과 같은 책들도 많이 간행되었어요. 사람들이 많이 찾는 한글 소설의 간행도 활발했어요.

가장 인기 많았던 소설은 무엇이었나요?

조선 후기에는 서민들이 지식에 큰 관심을 갖게 되면서 한글 소설이 유행했어요. 한글로 된 최초의 소설은 허균이라는 학자가 지은 《홍길동전》이에요. 도술을 부리는 홍길동이 부패한 사회와 서얼 차별을 비판하는 내용이지요. 부모님에 대한 효도를 강조한 《심청전》과 착한 사람은 하늘이 복을 내린다는 《흥부전》 같은 소설들이 인기가 많았어요. 신분이 다른 남녀의 사랑과 탐관오리를 혼쭐내는 이야기를 담은 《춘향전》도 베스트셀러였지요.

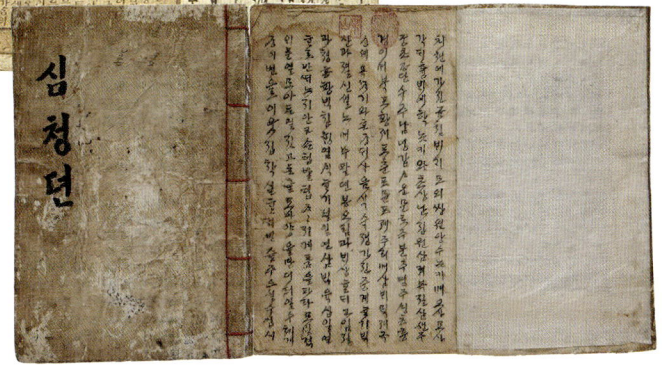

조선 시대의 한글 소설들
한글 소설은 서민들의 바람과 양반 사회에 대한 비판을 담았어요. 국립중앙박물관 소장(위), 한글박물관 소장(아래).

● **책을 파는 서점도 있었나요?**
조선 시대에는 서점이나 책을 빌려주는 사업이 발달하지 못했어요. 그래서 사람이 직접 책을 짊어지고 돌아다니며 흥정을 하고 판매했어요. 이런 사람들을 '서쾌', 또는 '책쾌'라고 불렀어요. 이들은 책에 대한 여러 가지 정보를 많이 알고 내용도 어느 정도 알고 있었어요. 중국으로부터 신간 서적과 각종 소설 등이 들어오면서 이들의 활동도 더욱 활발해졌지요. 이들 가운데는 지방까지 돌면서 거래를 넓히는 사람도 있었어요. 그러다가 차츰 책을 빌려주거나 파는 곳이 생겨나기 시작했어요.

길거리에서 책을 읽어 주는 사람도 있었다고요?

한글이 보급되었어도 글을 읽지 못하는 사람들은 여전히 많았어요. 책에 대한 관심이 높아졌고 책을 읽을 줄 아는 사람이 늘어났지만 책을 구하기는 아직 어려웠지요. 그러다보니 책을 읽어주는 직업이 생기기도 했어요. 이 사람들을 '책을 읽어 주는 노인'이라고도 불렀어요. 이들은 운종가(지금의 종로)나 청계천 주변처럼 사람들이 많이 모이는 곳에서 당시 유행하던 소설을 읽어 줬어요.

우리나라 산천을 직접 보고 그렸다고요?

예전 조선의 화가들은 풍경화를 그릴 때 머릿속으로 상상한 풍경을 그리거나 중국의 경치를 본떠서 그렸어요. 조선 후기에는 우리 스스로에 대한 인식이 높아져 조선 사람은 조선의 산천을 그리는 일이 당연하다고 생각하게 되었지요. 겸재 정선은 안동 김씨 가문의 후원을 받아 금강산 유람을 한 뒤 금강산 그림을 여러 장 그렸어요. 그 가운데 〈금강전도〉가 대표적이었어요. 서울 주변 여러 곳의 아름다운 경치도 그림으로 남겼는데, 〈인왕제색도〉가 가장 독특한 작품이지요.

〈인왕제색도〉
서울의 인왕산을 그린 그림이에요. 여름 소나기가 지나간 뒤 비에 젖은 정취를 그렸어요. 겸재 정선의 그림은 구도나 화풍 면에서 현대적인 감각을 갖추고 있어요.
정선, 리움미술관 소장.

〈몽유도원도〉
이 그림은 화원 출신인 안견이 안평대군의 후원을 받아 그린 그림이에요. 복숭아꽃이 만발한 꿈속의 평화로운 동산을 그린 그림이지요.
안견, 일본 덴리대학 도서관 소장.

백성들의 생활을 담은 '풍속화'

조선 후기에는 백성들의 생활을 담은 풍속화가 유행했어요.
정조는 '보자마자 껄껄 웃을 만한 그림을 그리라'는 지시를 내리기도 했어요.
도화서 화원인 김홍도는 궁중화가로서 기록화도 많이 남겼지만,
농사, 집짓기, 대장간, 씨름, 서당 등 서민들이 살아가는 모습을 담은
풍속화도 많이 그렸습니다. 〈대장간〉, 김홍도,
국립중앙박물관 소장.

백성들의 소망이 담긴 '민화'

평민들은 까치와 호랑이, 책이 쌓인 책상이나 책장, 해와 달,
새와 꽃, 물고기를 그린 그림들을 좋아했어요. 이러한 그림들이 복을
가져온다고 믿었지요. 일반 백성들이 주로 찾는 그림이어서
'민화'라고 했어요. 민화는 전문 화가가 아닌 이름 없는 떠돌이
화가들에 의해 그려졌어요. 글공부를 잘하라는 의미에서 책이나
문방구류를 그린 책가도는 인기가 많았어요.
〈책가도〉, 국립민속박물관 소장

직업으로 그림을 그리는 사람들도 있었나요?

국가에서는 전문 화가를 채용하여 '도화서'에서 그림을 그리도록 했어요. 도화서는 궁중에서 그림과 관련된 일을 맡는 관청으로 청계천 근처에 있었어요. 도화서에서 그림을 그리는 전문 화가를 '화원'이라고 했어요. 도화서에서는 왕의 즉위식이나 행차, 왕의 초상화인 어진, 가례와 같은 왕실의 공식 행사를 그림으로 그려서 기록했어요.

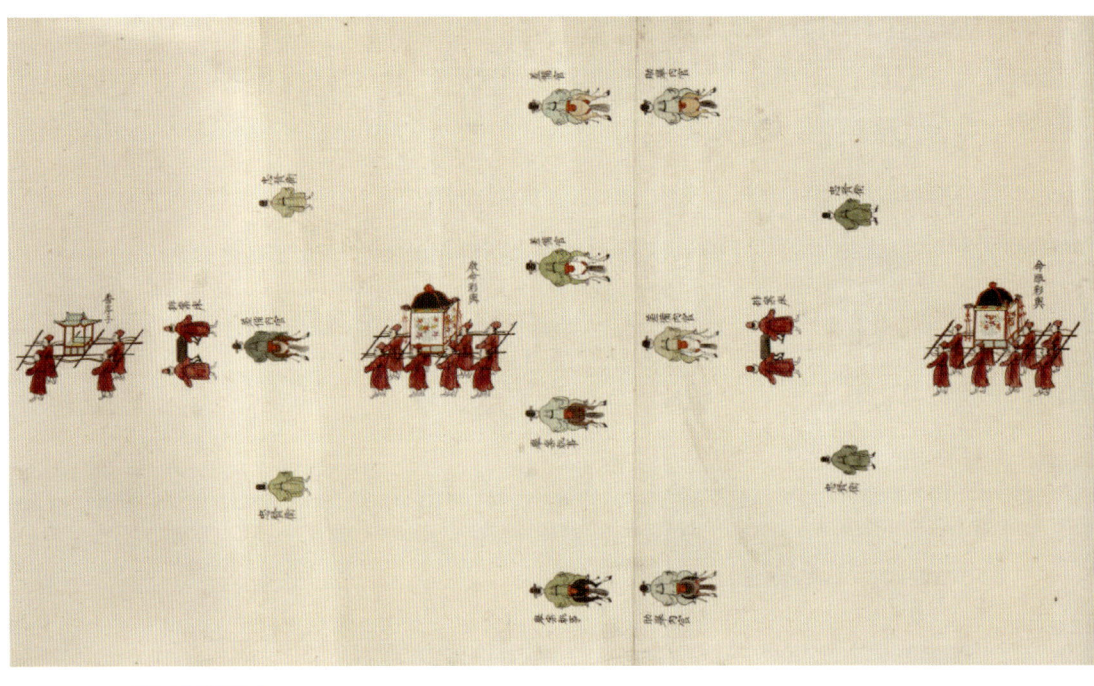

● **도화서 화원 출신으로 이름난 화가는?**
도화서 소속 화가로는 조선 전기에는 안견, 김명국이 유명했고, 조선 후기에는 김홍도, 신윤복, 장승업이 유명했어요. 이들 가운데는 대대로 그림을 직업으로 이어 온 집안이 많았어요. 조선 후기에는 화원에 대한 대우가 더 나아졌어요.

석봉 한호가 쓴 두보 시
석봉 한호가 평소 좋아하는 중국 두보의 시를 옮겨 쓴 작품이에요. 강하면서도 단아한 필치인 석봉체예요.
국립중앙박물관 소장.

글씨로는 누가 뛰어났나요?

사대부들은 글씨에도 관심이 많았어요. 〈몽유도원도〉에 글씨를 덧붙인 안평대군은 부드럽고 아름다운 글씨를 썼어요. 그보다 시기가 조금 지난 뒤에는 석봉 한호를 꼽을 수 있어요. 석봉 한호는 중국에서 글씨로 뛰어난 왕희지의 필법을 바탕으로 열심히 노력하여 독특한 석봉체를 만들었어요. 그래서 글씨라면 한석봉이라고 하지요. 한석봉은 서예 보급과 발전에 공이 큰 인물이었어요. 한석봉의 글씨는 중국에도 널리 알려졌어요.

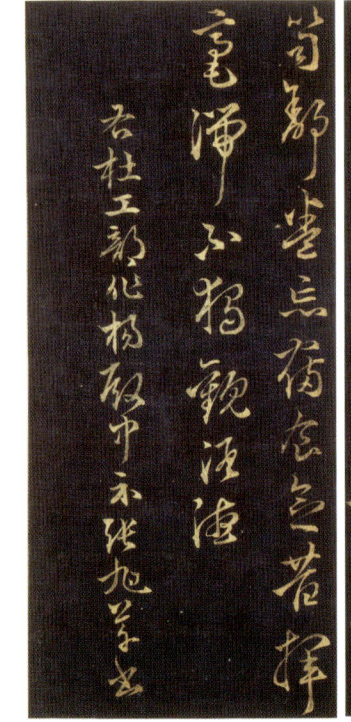
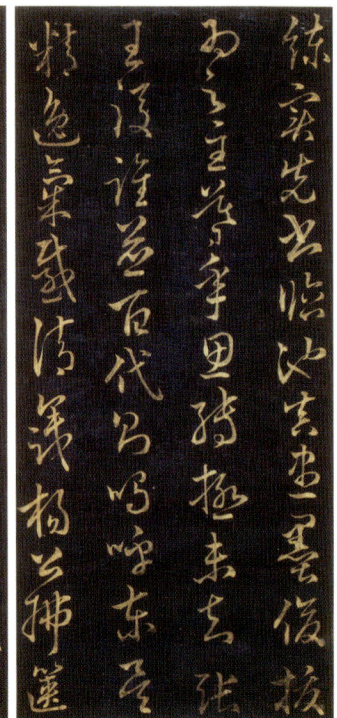

반차도

이 그림은 혼례식을 위해 궐내로 들어가는 왕비의 행렬을 그린 '예궐반차도'예요. 인물의 표현으로 보아 18세기 후반에 그려진 그림으로 추정돼요. 반차도는 나라의 중요한 행사가 있을 때 문무백관이 품계에 따라 늘어서는 차례와 행사 장면을 기록해 둔 그림이에요. 반차도는 의궤에 그려지기도 했지만 이렇게 두루마리에 그려 보관되기도 했어요. 〈예궐반차도〉(부분), 고려대학교박물관 소장.

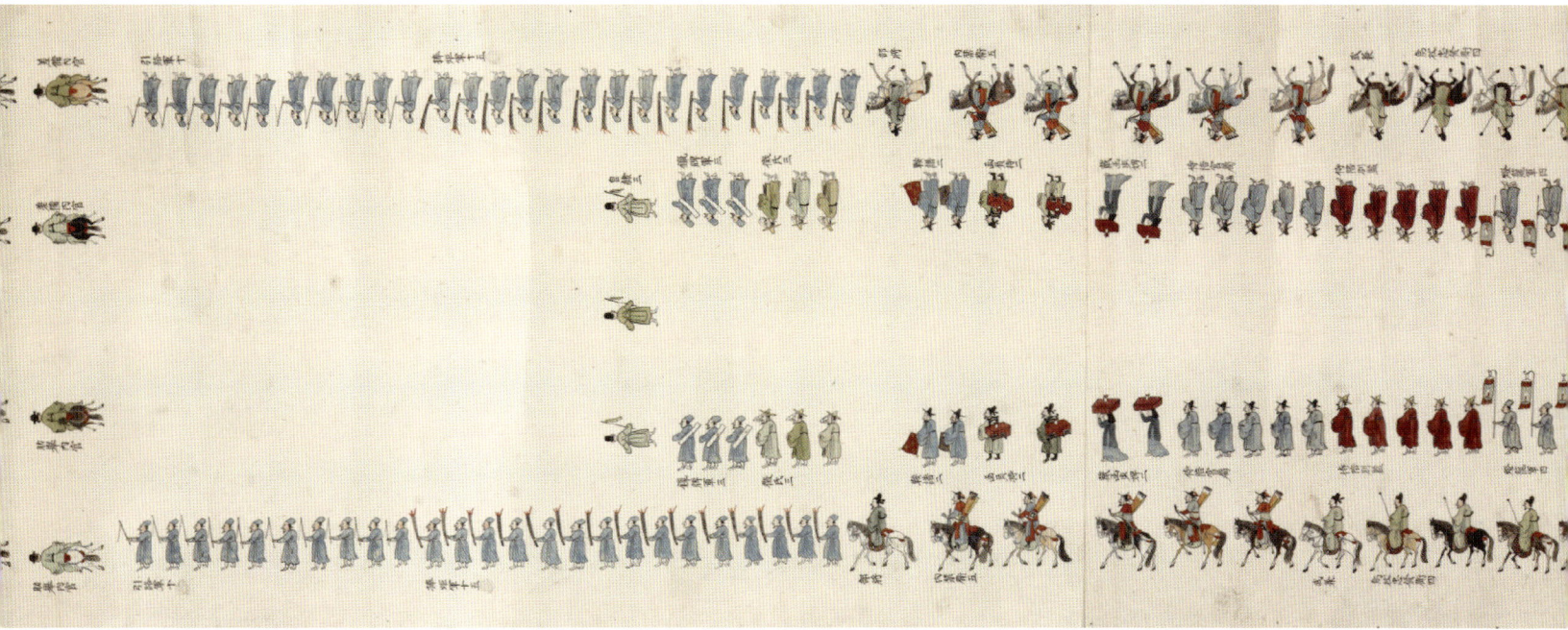

추사체는 왜 유명한가요?

추사 김정희는 매우 권세 있는 집안 출신이지만 정치 문제로 고난을 많이 겪었어요. 언행사였던 아버지를 따라 청나라에 다녀와서 당시 크게 유행하던 금석학의 영향을 받아 옛 서체를 연구하고 많은 문헌을 공부했어요. 이후에 정치 문제로 귀양살이를 하는 동안 김정희는 자신만의 독특한 추사체를 만들었어요. 추사체는 글씨인 듯 그림인 듯 구성미가 뛰어나고 개성이 담겨 있어요. 김정희는 글씨와 그림이 일치해야 한다고 주장했어요. 그의 글씨는 조선뿐 아니라 청나라에까지도 널리 알려질 정도로 유명했어요.

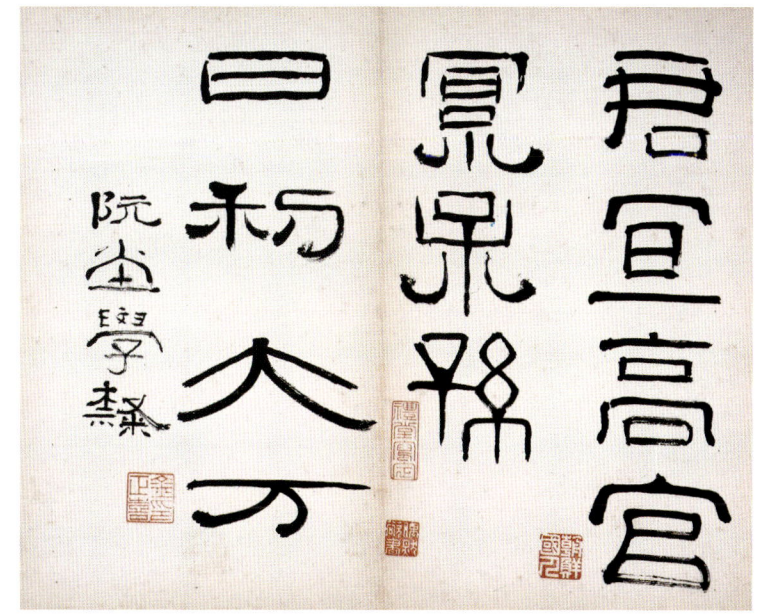

추사 김정희의 글씨

김정희의 추사체는 당시의 서체와는 다른 개성이 강한 서체였어요. 글씨의 굵기나 각이 매우 독특하면서도 아름다운 글씨이지요. 국립중앙박물관 소장.

백자는 조선을 대표하는 도자기인가요?

백자는 백토로 빚은 뒤 유약을 입혀 1300℃ 이상의 높은 온도에서 구워 낸 도자기예요. 백자는 도자기 가운데 가장 뛰어난 기술로 만들어졌어요. 백자는 순백의 빛깔을 띠는 것도 있고, 붓으로 문양을 그려 넣은 청화백자도 있어요. 청화백자는 왕을 상징하는 용무늬를 그려 넣어 주로 국가의 큰 행사에서 꽃이나 술을 담는 항아리로 사용했어요. 궁중이나 관청에서는 금은 그릇 대신 백자를 널리 사용했어요. 조선 후기에는 백자의 종류와 수량이 늘어나고 지방으로도 퍼져 나갔어요. 조선의 백자는 중국과 일본에서도 인기가 많았습니다.

도자기를 빚는 도공

백자대접
조선 중기에 만들어진 백자대접이에요.
국립고궁박물관 소장.

백자대호
항아리의 빛깔과 모양이 둥근 달을 닮아 '달항아리'라고도 불러요.
서울역사박물관 소장(왼쪽),
박필우 소장(오른쪽).

백자주전자
1500년대에 만들어졌어요.
국립고궁박물관 소장.

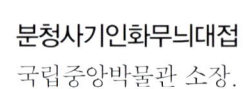

분청사기인화무늬대접
국립중앙박물관 소장.

● 임진왜란을 도자기 전쟁이라고도 부르나요?
일본은 임진왜란 때 조선 도공들을 많이 끌고 갔어요. 이때 끌려간 이삼평, 심당길 등은 일본의 도조(도자기 선조)가 되었어요. 이들은 일본의 도자기 기술 발전에 큰 역할을 하였어요. 이를 바탕으로 일본은 세계 도자기 시장을 장악하게 되지요. 심당길의 후손인 심수관의 사쓰마야키는 최고의 명품으로 손꼽혔어요. 조선은 뛰어난 도공들이 일본으로 끌려간 뒤 기술을 천시하는 풍토가 있어서 도자기 분야가 쇠퇴하게 되었어요.

분청사기는 누가 사용했나요?

분청사기는 그릇 표면을 백토로 꾸미고 유약을 바른 뒤 아름다운 무늬를 표현한 회청색 도자기였어요. 분청사기는 고려청자를 바탕으로 새로운 기술이 들어오면서 발전한 도자기였어요. 그 뒤 백자가 발전하면서 분청사기는 그 자리를 내주게 되었습니다. 분청사기는 백자가 본격적으로 쓰이기 전까지 궁중에서 사용되었어요.

백자가 선비의 모습을 닮았나요?

백자에는 조선 왕조를 세운 신진사대부들의 유교 정신이 반영되었다고 해요. 백자 표면의 순백의 빛깔과 푸른빛의 청화 안료를 사용하여 그린 매화, 난초, 국화, 대나무의 문양은 선비의 기개와 절개를 상징하고 있지요. 백자 표면에 산수화를 그려 넣거나 시를 써 넣기도 했어요.

백자양각매화문병
선비를 상징하는 매화 문양을 넣은 백자병이에요. 국립고궁박물관 소장.

〈기영회도〉(부분)
조선 중기, 사대부들의 모임을 기록한 그림이에요. 그림 중앙에 꽃이 꽂힌 커다란 청화백자항아리가 있고, 한 사람씩 각자 받은 소반 위에도 백자 그릇들이 놓인 모습이 보여요. 국립중앙박물관 소장.

청화백자국화문똬리연적
먹을 갈 때 사용할 물을 담는 용기예요. 청화 안료로 국화를 그린 똬리 모양의 연적이에요. 국립고궁박물관 소장.

청화백자용무늬항아리
궁중의례에서 꽃을 꽂는 항아리로 사용되었어요. 용이 구름 속으로 날아가는 모습이에요. 국립고궁박물관 소장.

● **백자는 어디에서 만들었나요?**
궁궐의 백자를 책임졌던 곳은 '사옹원'이에요. 사옹원은 궁궐 안의 음식을 담당했던 기관이었지요. 사옹원은 왕실에서 사용할 도자기를 만드는 공장인 '관요'를 경기도 광주군에 두고, 국가에서 필요한 도자기를 직접 만들었어요.

궁중 음악이 발달했었나요?

조선 시대에는 예와 악을 나라를 다스리는 중요한 수단으로 여겼어요. 그래서 음악을 담당하는 기관인 장악원을 따로 두어 국가의 중요한 행사 때마다 음악을 연주하게 했지요. 대표적인 궁중 음악으로는 제사를 지낼 때 연주하던 종묘제례악과 문묘제례악, 잔치를 벌일 때 연주하던 여민락과 영산회상, 왕의 행차나 군대의식 때 연주하던 대취타를 들 수 있습니다.

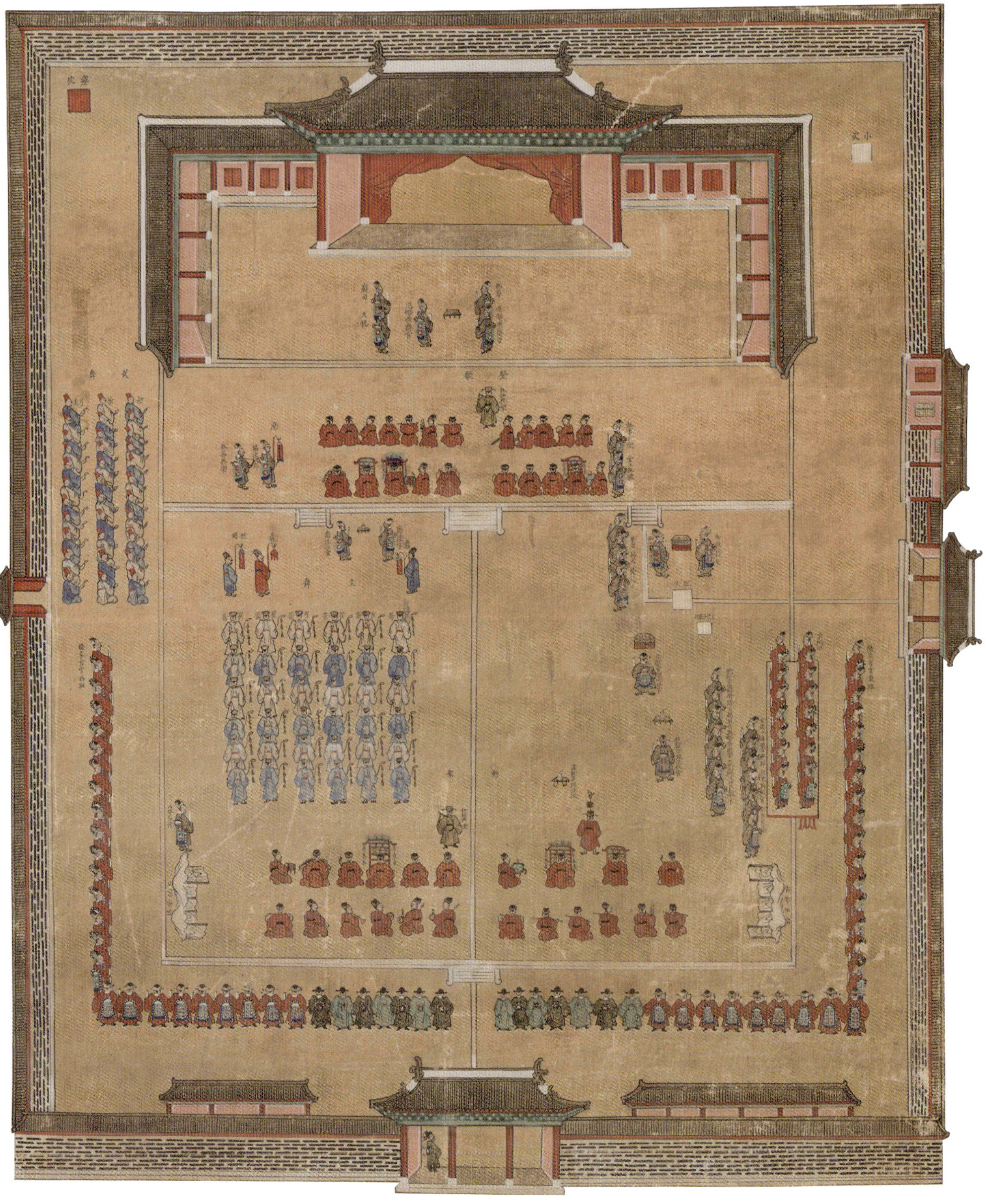

종묘제례악
이 그림은 종묘의 제사를 묘사하고 있어요. 빨간 옷을 입고 줄을 맞춰 앉은 연주자들 앞으로 종묘제례악에 쓰이는 여러 악기들이 보입니다. 종묘제례악 연주에는 29종의 악기를 다루는 100여 명의 연주자들이 동원이 되었다고 해요. 종묘친제규제도설병풍 가운데 〈친제반차도〉, 국립고궁박물관 소장.

대금
대금은 우리나라의 전통적인
목관 악기예요. 맑고 구슬픈 소리를 내요.
국립민속박물관 소장.

태평소
태평소는 화려하고 강렬한
높은 음을 내는 악기예요.
조선 시대의 음악에 관한 책인
《악학궤범》에 해금, 아쟁, 당피리,
당비파와 함께 중국을 거쳐
들어온 악기인 당악기로 분류되어
있어요. 국립민속박물관 소장.

해금
해금은 두 줄을 활로 마찰시켜
소리를 내는 악기예요. 줄은 긴
편인데 아래 달린 공명통이
상대적으로 작아서 코맹맹이 소리
같은 특이한 음색을 갖고 있어요.
국립민속박물관 소장.

거문고 줄 고르기
그림 속 악기는 거문고예요. 화면 왼쪽 여인이 줄을 고르고 있고
오른편의 아이는 줄을 잡아 당기며 여인을 거들고 있어요.
〈거문고 줄 고르는 여인〉, 신윤복, 국립중앙박물관 소장.

백성들도 음악을 즐겼나요?

민간에서는 소리꾼들이 마을을 돌며 판소리 공연을 했어요. 소리꾼은 북장단에
맞춰 창(노래)과 아니리(이야기)를 하고 거기에 발림(몸짓)을 곁들였어요.
판소리는 나중에 소설로 만들어지기도 했어요. 창이 남아 전해지는 작품은
춘향가, 적벽가, 심청가, 흥보가, 수궁가
다섯 마당뿐입니다. 또 거문고, 가야금, 대금,
해금 등 악기의 반주에 맞추어 부르던 노래를
가곡이라고 해요. 민요를 포함해 대중들이
즐겨 부르던 노래는 잡가라고 하고요.
잡가는 새타령, 육자배기, 사랑가 같은
노래들로, 모두 해학과 풍자가
담겨 있어요.

소리꾼과 고수(북치는 사람)가 펼치는
판소리 공연 모습

조선 시대 사람들은 춤을 좋아했나요?

서민들의 일과 생활 속에는 늘 춤이 있었어요. 농사를 지으며 일을 할 때도 일의 피로를 덜기 위해 춤을 추며 노래를 불렀어요. 농사철에는 꽹과리, 징, 장구를 치며 춤을 추는 농악대가 마을을 돌며 흥을 돋우었어요. 마을 사람들도 풍년을 기원하며 '농악'에 맞춰 모두 춤을 추었지요. 마을 장터에는 줄타기, 대접 돌리기, 탈춤 같은 거리 공연이 많이 벌어졌어요. 조선 시대 사람들은 춤으로 슬픔을 달래기도 했어요. 무당이 추는 살풀이춤은 죽은 사람의 넋을 위로하기 위해 추던 춤이었어요.

〈춤추는 아이〉
피리 둘, 대금, 해금, 장구, 북으로 구성된 악사들의 연주에 맞춰 춤을 추는 아이의 모습이에요. 김홍도, 국립중앙박물관 소장.

줄타기
전문 놀이꾼인 남사당패는 사람들이 모인 자리에서 여러 가지 종목을 공연했어요. 그 가운데 줄타는 모습을 그린 그림입니다. 외줄 위에서 풍물장단에 맞추어 아슬아슬하게 줄을 타고 있는 광대를 볼 수 있습니다. 〈창부보현〉, 김준근, 숭실대학교 한국기독교박물관 소장.

왜 탈을 쓰고 춤을 췄나요?

서민들은 탈춤을 추면서 그동안 평민들을 호령하며 갖은 수모를 주던 양반들을 마구 욕하기도 하고, 웃음거리로 만들기도 했어요. 탈을 쓰면 공연을 하는 사람이 누군지 알 수 없어 이런 행동들을 더 자유롭게 할 수 있었지요. 조선 후기에 돈을 주고 양반의 신분을 살 수 있게 돼 양반의 격이 떨어졌던 점도 이런 현상에 영향을 주었어요. 황해도의 봉산탈춤과 강령탈춤, 안동의 하회탈춤, 함경도 북청의 사자춤, 경기도 양주의 산대놀이 같은 여러 가지 탈춤이 지역마다 있었어요.

경상남도 고성오광대 탈놀이에 등장하는 양반탈
국립민속박물관 소장.

하회별신굿 탈놀이에 쓰이는 하회탈
국립민속박물관 소장.

하회별신굿 탈놀이에 등장하는 부네탈
국립민속박물관 소장.

하회별신굿 탈놀이에 등장하는 각시탈
국립민속박물관 소장.

함경남도 북청에 전해 오는 탈놀이 북청 사자놀음

민본 국가를 꿈꾼 조선 ❸ 조선의 대외 관계와 사회 변화

조선은 이웃 나라와 어떻게 지냈나요?

차례

이웃 나라와의 관계
조선은 이웃 나라와 어떻게 지냈나요?
조선은 명나라로 사신을 자주 보냈나요?
조선은 일본과 어떻게 지냈나요?

임진왜란
일본은 왜 조선에 쳐들어왔나요?
조선은 일본군을 어떻게 물리쳤나요?
일본과의 전쟁에서 조선군은 어떤 무기를 사용했나요?
왜란의 피해는 어느 정도였나요?

병자호란
왜란 뒤 여진족의 움직임은 어떠했나요?
청나라는 왜 조선으로 쳐들어왔나요?
인조는 왜 청나라에 항복했나요?
청나라를 정벌하자는 주장은 어떻게 나왔나요?

일본으로 가는 통신사
조선은 왜란 후 어떻게 일본과 다시 교류했나요?
일본 사신도 조선에 왔나요?
통신사는 어떤 역할을 했나요?

북경으로 가는 연행사
청나라에 보낸 사신을 왜 '연행사'라고 했나요?
어떤 사람들이 연행사로 갔나요?
연행사는 어떤 활동을 했나요?
서양 문물은 조선 사회에 어떤 영향을 끼쳤나요?

전쟁 후 제도의 정비
왜란과 호란 후 조선은 어떤 어려움을 겪었나요?
백성의 생활을 어떻게 안정시켰나요?
대동법은 왜 시행했나요?
균역법에는 어떤 뜻이 담겼나요?

조선 후기 사회·경제적 변화
우리나라는 언제부터 모내기를 했나요?
수공업과 광업도 발달했나요?
도시와 시장은 어떻게 발달했나요?

여러 지역을 이어 준 도로·물길과 조운
길은 왜 중요한가요?
길에는 어떤 시설이 있었나요?
물길은 어떻게 이용했나요?
조선 시대에도 여행을 많이 다녔나요?
여행길에는 무엇을 가지고 다녔나요?
무엇을 타고 여행 다녔나요?
배를 타고 여행을 떠나기도 했나요?

양반이 이끄는 사회
지방 행정에는 누가 참여했나요?
양반들은 어떤 조직을 만들었나요?
향약이란 무엇인가요?
향회는 누가 열었나요?

마을 공동체
마을 사람들의 모임도 있었나요?
마을에서 어떤 일을 함께 했나요?
두레는 무엇인가요?
마을의 규약을 어기면 어떤 벌을 받았나요?

백성을 구하는 제도
굶주린 백성을 어떻게 보살폈나요?
아픈 사람들을 어떻게 치료했나요?
의지할 데 없는 사람들을 어떻게 돌보았나요?

백성과의 소통
백성들은 억울한 일을 겪으면 어떻게 했나요?
재판을 도와주는 사람은 없었나요?
왕에게 억울함을 호소하려면 어떻게 했나요?
조선 시대 백성들도 시위를 했나요?

도적과 농민 봉기
홍길동은 정말 있었던 인물인가요?
임꺽정은 정말 의적이었나요?
홍경래는 왜 난을 일으켰나요?
1862년 농민 봉기는 왜 일어났나요?

서학과 동학
천주교는 어떻게 퍼져 나갔나요?
《정감록》은 어떤 책인가요?
미륵 신앙은 무엇인가요?
동학은 어떻게 생겨났나요?

조선 말 국내외 사정
세도 정치는 무엇인가요?
흥선 대원군은 어떻게 권력을 잡았나요?
19세기에 동아시아는 왜 위태로워졌나요?
조선을 알리려면 어떻게 해야 하나요?